家族を生きる

違いを乗り越えるコミュニケーション

平木典子・柏木惠子――[著]

東京大学出版会

How Will We Live a Family Life:
Talks on Japanese Family Lifestyles in Transition
Noriko Hiraki and Keiko Kashiwagi
University of Tokyo Press, 2012
ISBN 978-4-13-013307-4

はじめに

家族の変化が注目されています。

その変化の代表的な現象に少子高齢化があります。二〇一〇年、日本の一人の女性が一生の間に産む子どもの平均人数（合計特殊出生率）は一・三九人で、一九七五年以来二人以下が続いています。一方、同年、日本人の平均寿命は女性八六・四歳、男七九・六歳で、女性は世界で一位、男性は四位でした。少子化の理由としては、平均初婚年齢（夫三〇・五歳、妻二八・八歳）と生涯未婚率（男性二〇・一パーセント、女性一〇・八パーセント）の上昇があげられ、妻の第一子の平均出産年齢は二九・九歳になっています。出生率低下には、結婚の魅力の低下、セックスレス、子育ての大変さなどの家族の心理が反映されているとも言われ、少子高齢化は家族の変化の原因でもあり結果でもあるといった循環が始まっています。

このような現象に伴う家族心理の研究と家族支援にかかわってきた私たちは、二〇〇九年、『家族の心はいま――研究と臨床の対話から』（東京大学出版会）を著しました。多角的な視点から調査研究された柏木先生の膨大な実証的データから夫婦関係と親子関係のテーマを選び出し、各テーマに重なる家族臨床のケースを一七例ほど紹介しながら、家族の問題と今後の課題について検討したのです。そこで扱われたテーマは、晩婚化／非婚化、妻の結婚満足度の低下、ＤＶ、離婚の増加、夫婦間コミュニケーション、父親不在の育児、教育ママ、虐待、不妊治療、パラサイトシングル、介護などでした。

本書は、前書の研究テーマと内容を一般の人々にわかりやすく伝えたいという思いから、対話のかたちで、家族への多少の警告も含めて皆さんに届けようとするものです。日本は、この三年の間に、歴史に深く刻み込まれる三・一一（二〇一一年）の災害体験を経て、家族の絆、地域社会の回復に思いを馳せ、新たな変化と課題に直面することになりました。本書には、婚活、生殖医療、熟年離婚、ワーク・ライフ・バランス、若者の自立と葛藤、親子育ち、モンスター・ペアレンツ、高齢化社会とケア、家族の再生など、新たなテーマも加えられています。

二一世紀のグローバルな社会の変化の中で、私たち一人ひとりが意味ある人生を送るためには、単に変化を受けとめるだけではなく、自分自身が変化の担い手、転機のつくり手になることを求められています。そうした意味で、本書のテーマ全体をつなぐキーワードは、ジェンダー（男女の違い）、コミュニケーション、キャリアです。ジェンダーは、身近な隣人であり、異文化でもある男女がどこまでわかり合い、協働できるかという問いの象徴であり、その問いは、世界が「違い」を「間違い」

にしないコミュニケーションをいかに成立させるかという課題につながるでしょう。そして、ジェンダー、「違い」を含めて多様性を理解することは、自分らしい生き方（キャリア）の開発につながるでしょう。

本書が、読者のみなさんの家族の心と変化を見つめ、今後の多様化に対応するためのヒントとなることを願っています。

平木典子
柏木惠子

目次

*1*章　結婚の前に

結婚しない理由

柏木　ある日本通のアメリカ人社会学者が国際学会で日本の結婚事情を講演した際、適齢期というものがある、とクリスマスケーキ、年越しそばのたとえを紹介したら、欧米の聴衆はたいへん沸いたそうです。しかし最近、学生に同じ話をしたら、「結婚式でクリスマスケーキ食べるんですか？」と、とんちんかんな反応が返ってきて、もう彼らには適齢期とか、三〇歳前に、二五歳ぐらいという感覚がなくなったのだ、と印象深かったのを覚えています。たしかに、『家族の心はいま』（柏木惠子・平木典子、東京大学出版会、二〇〇九年）でも示したように、結婚年齢の平均の山が低くなり、後にずれてきたことは明らかです。そうなったのはなぜかということが、後々の夫婦関係のありようにも関係がありそうですが、私は結婚の価値が低下したことに尽きると思っています。まず、男性ならば家事をしてくれる人、女性ならば食べさせてくれる人が必要、という状況ではなくなりました。また、婚外セックスがフリーになったことも重要です。自分の収入もあり、かなり自由な世界を持てるようになった若い男女にとっては、結婚のデメリットのほうが増大しているのではと思うのですが、いかがですか。

平木 おそらくそうでしょうね。以前は、経済的にも生活上も、協力して助け合わないと生きていけないというところに結婚の必要性があったのに、今はその価値はないわけですね。むしろ楽で心地よい関係がつくれない限りは、縛られるというデメリットのほうが大きいと思っている。臨床ケースから考えると、楽しくないこと、葛藤、めんどうくさいことは嫌だという思いのほうが強いようです。

柏木 そして、親の家に同居しているよりも貧乏になる可能性も高いわけです。

平木 親との同居には、経済的な理由と、めんどうくさいということと関連しますが、家事をしてもらえるというのもあるでしょうね。また、結婚を延ばしている人たちは、葛藤を回避したい、葛藤があると自分で処理できないということもあると思います。大変だけど一緒に頑張ろうというのがないんです。豊かで便利な社会の影響もあるかもしれません。

柏木 葛藤を回避する、つまり、葛藤を解決することに自信がないわけですね。それはなぜでしょう。

簡単に言ってしまえば、豊かになって、自分で努力したり、我慢したり、何か工夫したりという必要がないから、そういう力が育っていないということでしょうか。

平木　葛藤解決能力は、たぶん低くなっていると思います。工夫とか努力とかいうのは、どうしようもない状況を見すえ、そこから抜け出すために生まれる行動ですよね。現在の何でもあって便利な生活を送っていると、めんどうくさいことはやりたくない、自分の思い通りに過ごしたいというのが当たり前になってしまうのでしょう。自分の思い通りになんかならないのが家族とか、配偶者なのですが。その葛藤を避けている気がしますね。

柏木　話は広がりますが、葛藤を避ける、あるいは、葛藤を解決する力がなくなったという背景には、日常の便利さ以上に、日本の場合、葛藤があること自体よくないとする向きがあるようにも思います。本当は葛藤を直視して、妥協点を見出すなり、どちらかが譲るなりして、新しい次のステップに行く必要があるのに、和がよろしいと、葛藤が予想されると後退してしまうというか。

平木　アメリカの家族療法家は、問題は永遠になくならない、解決し続けていくしかないという教育をしています。問題がやって来て一つ終わればまた次が来る、というわけです。問題があるのが悪いのではなく、解決できないのが悪いということですが、日本は問題にならないよう、問題のないように動く教育をしていますから。

柏木　葛藤する、それを何とか解決することで道が拓けていくし、本人たちも力がついてくるはずなのに、それをみんな避けてしまうから余計ひ弱になるわけですね。私は、結婚というものに格別大きな価値があるとは思いませんが、おたがいにこれほど葛藤を味わい、それに取り組む、いわば一種の同志のような関係は、他の人間関係ではあり得ないですよね。結婚すると、今日はもうほどほどでやめようということができないので、どうしても対決を迫られ、何らかの着地点を見つけます。その経験は、たいへんですけれども意味があるわけです。自分にとって都合の悪いことは避けて通るという生き方になっていくことは、人間として発達の大事なチャンスを失っているという点で、残念です。

平木　親密でありながら葛藤に富む関係というのができていないのかもしれませんね。心理的・情緒的な自立がある関係では葛藤を避けないので、その解決をせざるを得ないのですが、けんかや対決を避けていると、真の親密には到達しないし、結婚も避けるかもしれません。恋愛中のそんなカップルの相談は結構あります。ところで、アメリカで「プリペアー」(後で詳述)という結婚前のカップル教育プログラムが開発されているのですが、それをつくる前のデータとして、結婚している人のほうが、結婚していない人よりも、健康度は高いし、葛藤解決能力も高くて、経済的にも豊かで、子どもが問題児になる率も低いというのがあるんです。

柏木　要は、結婚という抜き差しならない関係を持つことによって、鍛えられて、道が拓かれるということが示されているわけですね。その点で興味深いのは、２章で詳しくふれますが、妻が夫ほど結婚に満足していないという日本の現状です。結婚当初は夫も妻もほぼ満足しているのに、年を経るごとに、夫は満足し続けていくけれども、妻の満足度は下がってしまうのです。また、男性は、結婚している人のほうが精神的健康が高いけれども、女性では差がない、つまり結婚するメリットは男性にはあるけれども、女性にはないというデータもあります。

平木　おそらく結婚に託した男女の価値の差が、現実的になっていくのでしょう。家族メンバーとしての負担は、はるかに女性が大きくなっているのが現状ですから。

結婚相手に求めるもの

柏木　非婚の定義は難しいですよね。人口学では、五〇歳で未婚の人を「生涯独身」と定義しますが、その数は増えていくと予測されています。ところで晩婚・非婚の人を対象に調査すると、多くは結婚したい、けれども、適当な人が見つからないというのです。「適当」とはどういうことかというと、性格や人柄がトップになっていますが、そこをもう少し透かして見ると、やはり男性が女性に求めるものと、女性が男性に求めるものの間に違いがあるんです。男性は、相手の職業や収入にこだわる人は非常に少ないけれども、女性はかなり重視しています。一方、男性は相手の容姿とか家事能力を求めている、というような違いですね。ここには、隠れた性別役割への期待があると思います。これはどうしてなのでしょうか。日常的な社会生活では男女平等を主張し、そのようにふるまっていても、恋愛関係になると、女性は食事やお弁当をつくったり、男性は相手をエスコートしたりというように、ジェンダリングが強くなるという研究結果が出ています（土肥伊都子「性役割分担志向性・実行度および愛情・好意度に及ぼす性別とパーソナリティの影響」『関西学院大学社会学部紀要』第七三巻、一九九五年、九七—一〇七頁）。このような関係は、その後の結婚生活に流れ込んでしまう可能性がありますよね。

平木　それは結婚相手に対する期待につながりますね、きっと。

柏木　期待というのはかなり理性的なものが入るはずでしょう。相手に何を求めるかという時に、自分がどういう生活をしたいかはもちろんですが、それだけではなくてこの変化の激しい世の中で、歴史や経済など社会科学的な知識と将来的な展望に基づいて、自分がどう生きていかなくてはならないか、相手にはどうなってもらいたいか、自分はどうなのか、などについての見識も持っていなければならないと痛感しますね。しかし、どうも、相手が何を求めているかにばかり敏感で、その期待を汲み取って演じているように見えるのですが、どうなんでしょうね。

平木　そこに親子関係が映し出されているかもしれません。母親が男の子にやさしく世話を焼くので、男性はそういう面を妻に求めているなど、期待は理性的というより、願いや望みのままです。

柏木　そういう研究があまりないのですが、青年期になった子どもが親の結婚生活をどう見ているかということは、子どもの結婚観を決めるキーになります。若い人たちが結婚に積極的でない、躊躇する傾向と、親の結婚生活、夫婦関係は無縁ではないと思います。特に女性にとっては、性別役割分業している母親が、日頃つまらないと愚痴をこぼしているような状況はマイナスに作用しますね。結婚の具体的なモデルとして魅力がない、だから結婚から引いてしまうということがあるのではないでしょうか。しかし、恋愛関係になると、自らそういう性別役割を取ろうとするのは、なぜでしょうか。

平木　一つには、本能的なものがあるかもしれないですね。相手に気に入られるには相手の望みどおりにしてあげようという。それは恋愛中の男女には双方にあって、男性はエスコート、女性はお弁当づくりというような形で表れるのだろうと思います。

柏木　客観的な判断が難しくなるのが恋愛なのでしょうが、そうなると大事なものを見逃しかねませんね。「エンリッチ」（結婚した夫婦の生活を豊かにする支援プログラム）や「プリペアー」の考えとも共通していますが、私は、結婚相手を決める時には、生涯にわたるキャリアの視点を持つことが非常に重要だと思います。自分にどういう生き方が保障できるかということ。大学の授業を休んで、暑い中リクルートスーツを着て探し回った仕事を、パッと辞めてしまっていいのかと言いたいケースが少なくありません。自分がどのように生きたいと思うか、それを大切にすることは、どういう人とならー緒に暮らして自分の生き方を貫けるか、同時に相手の生き方も尊重できるかとつながってきますよね。

平木　最近の女性はそれを考え始めていて、自分がどういう展望で生きるかに結婚相手は必ず大きくかかわってくるに違いないと思っているから、慎重になるのでしょう。

本当の意味での「婚活」——キャリア・プランニング

柏木　先ほどから話しているように、結婚するということは、非常に親密な、しかし深刻な人間関係をつくるということ、そして具体的な生活が始まるということです。ところが、恋愛中は特に後者について忘れてしまっている感がありますね。結婚後の生活についての具体的な詰めがなさ過ぎるんです。結婚を決めた二人が結婚前までにどのようなことを相談し合意したかについての研究（望月嵩「配偶者選択」望月嵩ほか編『リーディングス日本の社会学4　現代家族』東京大学出版会、一九八七年、一四五—一五九頁）があるのですが、その結果を見ると、たとえば、家事をどう分担するのか、子どもを誰がどう育てるのかなどについて、男女がきちんと話し合い、合意に達して結婚するというケースは極めて少ないのです。結婚というのは生活なので、そういう肝心なことが合意されていなければ、たちまちどちらかが諦めるか、おたがいにぶつかることになります。だからこそ、恋愛から結婚に至るプロセスできちんとした合意が取れるようなコミュニケーションをすることがとても重要です。就活も婚活も実は同じ。自分がどのように力を発揮することで社会に貢献できるかということ、さらに自分にはどのような生き方が幸せか、生きいきできるかは、どのような人と生活をともにするかということと、分かちがたく結びついているはずです。キャリアとは、全生涯にわたり、公的な面も私的な面も含めて、自分はどう生きるか、どう生きることが自分の幸せであり、周囲にも社会にも幸せをもたらせるかということで、そうしたことについて考えることが、婚活でも重要なテーマのはずなのに——。

平木　おそらくどのような人と出会うかにかかっているのでしょうね。特に、結婚と仕事や生き方が全くつながっていないのは問題です。人生、突然いろいろなことが起こるので、自分の生きるプロセスの中に変化をどのように位置づけるか、思い通りにはいかないものです。たとえば、誰かが病気になったり自分が事故に遭ったりして、突然仕事ができなくなることもあり得ます。キャリア・プランニングというのは、変化に自分がどこまで対応できるかも含めた、内的な志向性を含むものなのです。

柏木　こうと決めたらこう、というような硬直したものではないんですよね。

平木　就活や婚活は、就職や結婚相手が決まればそれでよいのではなく、そこからの変化を自分がどのように乗り切っていくかまで含めた展望を持たなければならないと思いますが、そういう教育もないし、その場の問題解決ばかりを考えているのではないでしょうか。問題は解決してもなくなることはない、という人生の展望をつくらなければならないのに。

柏木　特にいまの日本では、男性の働き方が家庭生活とぶつかることが非常に多いですから、そうした仕事へのコミットメントを夫がどれくらい大事にしているのか、妻はそれを受け入れるのか、そうすると妻の生き方はどうなるか、子どもや家庭生活はどうなるのかというあたりのすり合わせが必要ですね。自分が何をするかだけではなく、生活をともにする人が仕事と家庭にどのようにコミットしていくかというバランスについても考えることが重要だと思います。

平木　最近は、そういうワーク・ライフ・バランスの中で、男性と同じように頑張っている女性も出てきているので、妻のほうが遅く帰ってくるということもあり得ます。すると、夫が専業主婦と同じようなさみしい思いをして、悩むこともあります。

柏木　妻が仕事を持っていても、夫は、妻に自分より先に帰って、電気を点けてご飯をつくって待っていてほしいと期待してしまう面もあるのではないでしょうか。そういうことも含め、双方にとって良好な生き方について、コミュニケーションを取ることが大切ですよね。

平木　夫婦カウンセリングで、期待していたものがそういうことだったのだと、やっとわかるということはよくあります。

柏木　そういうケースは、カウンセリングで話しているうちに気づくのですか。

平木　妻は、働くことが大切と思っていて、「まあ、そうだったの？　夫がそんなにさみしい思いをしていたなんて、気がつかなかったわ」という感じです。そこで夫が、自分はさみしかったせいで、結婚がうまくいっていないと感じていたのだとやっと気がつく、ということもあります。

柏木　ところで、妻が高学歴で専門職を持っている場合、妻の側から離婚を申し出るケースが少なくないようですが、夫が伝統的な夫婦関係を望んでいるために、そのズレから妻の不満が強くなってしまうのでしょうか。

平木　そういったジェンダー問題もあるかもしれませんが、それだけではなく、高学歴の女性が若くして結婚すると、離婚の可能性が大きくなるのではないかと思います。若すぎる結婚の後始末を離婚という形でつけてしまうというか。キャリア・プランニングがきちんとできていないか、あるいは、できると思っていたのに、高学歴の夫婦がそれぞれのキャリアを追求しているうちに、次第に生き方とかキャリアの問題についてのズレがわかってきて、それが修正できた場合は結婚生活を続けていけるけれども、できなかった場合に離婚しているということが多いようです。妻の才能がどんどん伸びたということもあるでしょうし、妻も夫もそれぞれがより賢くなって、この相手とは合わないという結論になることもあるでしょう。

柏木　キャリア・プランニングという形での結婚相談というか、結婚指導がアメリカでは行われていますが、日本では相手の紹介だけで後は本人任せです。しかし、そこに未解決の問題が山積みなのですから、結婚だけに特化せず、もっと広い意味でのキャリアを全生涯にわたってどのように考えていくかの教育を、子どものうちからする必要があると思います。そうすれば、結婚相手の選び方はもちろん、職業や学校の選び方も変わるでしょう。

平木　いまの学校教育は課題解決ばかりですものね。どう生きるかということは、ほとんどカバーされていないのでしょう。

柏木　『稼ぐ妻・育てる夫』（治部れんげ、勁草書房、二〇〇九年）という本が出ました。日本のジャーナリストが、アメリカで夫が家事・育児を引き受けているケースを集めて、なぜそうしているのか、どのようにこなしているのか、インタビューしているのですが、その結果、子どもを産むこと以外は男女どちらでもできるということがよくわかったと言っています。日本ではなぜそれができないか検討している研究（船橋恵子『育児のジェンダー・ポリティクス』勁草書房、二〇〇六年）がありますが、やはり「子育ては女性のもの」という偏見が強いですね。

平木　女性は子どもを産まなくてはならないから、仕事をずっとは続けられない、だからあてにできないといった考え方をやめて、そういう時期も含めて、男女の人生と思わなくてはなりませんね。雇用の現場でも、いま、女性をパートでしか雇わない、リストラでも女性から先に切るという方向になっているわけで、それもバランスの悪さにつながっています。家庭の役割が好きな男性もいるのに、専業主夫にはなれないという状況もあります。

柏木　それはなぜですか。個人的にはそうしたいのに、社会的に難しいのでしょうか。

平木　たとえば、育児休業が取りづらいのです。最近は、勇気を持って取る夫もいますが、やはりまれなケースです。妻がバリバリ仕事しているほうが合理的ということもあり得るはずなのに……。

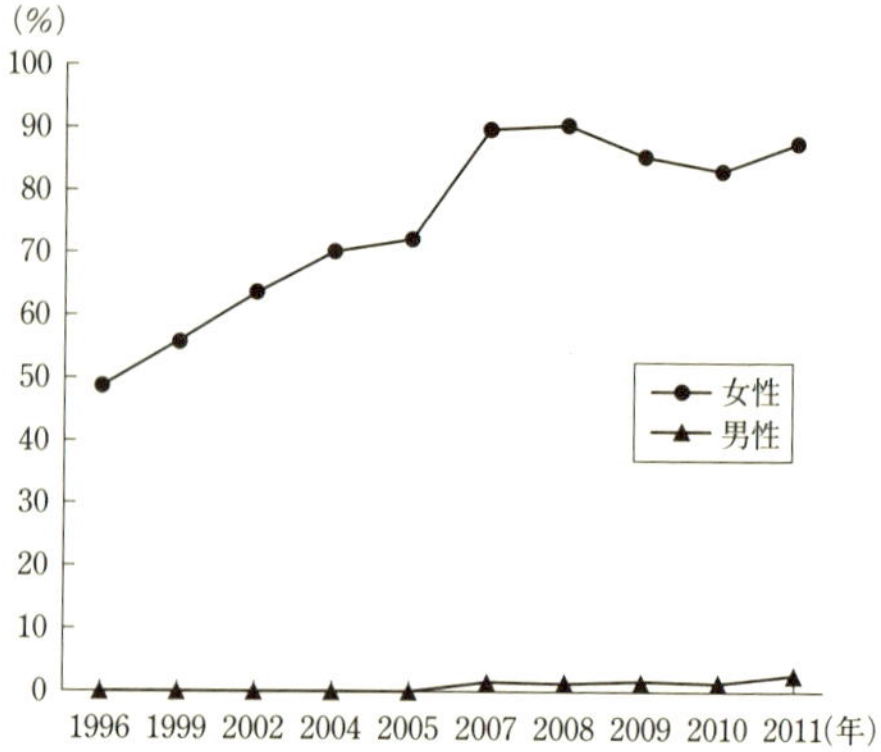

図1－1　育児休業取得率の推移（厚生労働省「平成23年度雇用均等基本調査（速報）」2012年を改変）

柏木　『稼ぐ妻・育てる夫』を読んでうらやましいと思ったのが、働き方の多様性というか柔軟性です。おっしゃるように、たとえば日本だと、制度がらみのことで縛られて仕事を続けることをあきらめたりしていますが、アメリカでは、出産や育児でたいへんな間はパートタイマーになりたいと交渉して、それが認められています。自分に合った働き方が認められる社会なのです。日本では、制度上は男性が育児休業を取れることになっていますが、男性の育児休業取得率は最高でも二・六三パーセントです（図1－1）。育児休業を取る男性は変わり者扱いで、昇進から外されたり、リストラの対象になったりしかねないのが日本の現実ですが、アメリカでは男女の取得率がそれほど変わらないなど、状況は大違いです。

平木　それこそキャリア・プランニングであり、キャリア発達にかかわる問題です。夫婦の合意の上で、子育ては妻がしたいと、勤務先に迷惑をかけないようにフルタイム登用の話を何度も断って、二年間仕事を休むと決心したパートタイマーの妻がいたんです。そうしたら雇い主が二年後必ず帰ってきてくださいと言ったという例が、日本でもあるんですよ。そういう社会になっていくとよいですね。

柏木　そうですね。その人が信頼に値する仕事をしてきていることが大前提になりますね。

平木　それは妻でも夫でもどちらにも当てはまるわけです。

うまくいく結婚、うまくいかない結婚

平木　「プリペアー」は、デイビッド・H・オルソンというアメリカの開発者が夫婦間のトラブルや障害のデータを集めて、それをプラスに変えるためにつくったプログラムです。たとえば、夫婦の関係を五つのタイプに分けて、それぞれがパーソナリティやコミュニケーションについてどの程度うまくいっているかをパーセントで表します。第一は、「活力があって、おたがいに何でも話し合って問題解決に積極的なタイプ」。第二が、「相手の思いを受け取って、コミュニケーションや役割を調和しようとするタイプ」。このタイプは子育てに関してはうまくいかない場合が多くて、子どもをつくらないことが多いそうです。おたがいに合わせていて、二人だけで自足しているんです。その逆が第三の、「伝統的な性別役割分業をしようとするタイプ」。このタイプでは子どもがかすがいになっていま す。また、第四は、「始終けんかばかりしていて、不一致が多く、コミュニケーションが下手で、問

題をきちんと解決しないタイプ」。このタイプは役割分担に問題が多いです。第五は、第一のタイプの逆で、おたがいにあまり長所を大切にし合わないし、引き気味で、いつも一緒にいるべきか別れるべきか迷っているタイプ。このようなタイプの違いに応じて、様々な局面で変化をつくろうとするプログラムです。おもしろいことに、結婚前は、第五のタイプのカップルはいないそうです。一緒になってみないとわからないんですね。離婚を考えたことがある夫婦は、第一のタイプでは一四パーセントしかいないけれども、第二の調和的なタイプでは二八パーセント、第三の伝統的なタイプでは三七パーセント、第四の葛藤型では七三パーセント、第五のタイプでは九〇パーセントもあるそうです。まず結婚を控えたカップルのタイプをチェックリストの自己評価で調べて、彼らが問題だと感じているところをどのようにプラスに変えるかを教育します。たとえば、二人が持っている強みを明確にしたり、強みをより強化する方向の助けをしたり、問題点をはっきりさせ、それに直面して解決したり、満足いく関係づくりのために二人がきちんとアクションを起こすように教えるわけです。アクションを起こすに当たって、重要なのは、まずパーソナリティ検査をして、おたがいに分かち合うこと。次は、どのような対人関係を持ってきたか、その問題をどのように解決してきたかを話させます。それから、どのような経済的バックグラウンドを持っていて、これからどうするつもりなのか、そして最後に、友人や社会的な関係として、どのようなリソースを持っていて、どのようなやりとりをしてきたかを話させるのです。このプロセスで結婚をやめるカップルも出てくるわけですが、それでもやっていきたいというカップルでは、問題を解決して結婚につなげるのです。何度も話し合いをしたり、何度もリストをチェックしたりして、二人のタイプや夫婦としてのこれからの展望を考えていくわけです。参考になりますね。

柏木　プリペアーでは、すでに結婚している夫婦について、どのタイプがどのような面で問題を抱えやすいかを調べているわけですから、きちんと考えるべき問題についてズレがあるということは、いろいろな危険に直面する可能性があるということですよね。つまり、おたがいに感情的、感覚的に好きだと思っていても、本当の意味では理解し合えていないということを、あらかじめ知らせるようなガイダンス、文字通りのプリペアーが必要なんですね。日本ではこれがまだないんじゃないかしら。

平木　オルソンは、日本でも早く実践してほしいと言っています。版権をとったところがデータを集めればできるはずなのですが。

柏木　日本の夫婦ではどうかにとても関心がありますが、もう一つは予防的な意味があるでしょうね。もちろん暮らしてみなければわからない部分もありますけれども、過去の事例やデータを事前に知っているだけでも、おたがいに案外わかり合えていないのだということを自覚をするでしょう。それでずいぶん違うのではないかと思いますね。育児や共働きをめぐって、「こんなはずじゃなかった」という夫婦が結構多いけれども、チェックリストか何かであらかじめジェンダー意識の調査だけでもしておくといいかもしれません。

平木　アメリカでは、結婚式を挙げる前に、多くの牧師がプリペアーで婚前カウンセリングをするようで、訓練を受けています。

柏木　なるほどね。アメリカには婚前カウンセリングがありますね。日本では、結婚というと中身のことよりも外側についての条件が問題にされることが多いでしょう。最近はやりの「婚活」についても、その内実を研究として調べる意味がありますね。私の知る限りでは、外側の条件だけが先行している、そういう点では昔のお見合いに近いようなことで始まるようですが、しかし、たとえば生活についてどういう考えを持っているのか、どんなお金の使い方かといった経済観や消費行動については、漠然と話すことでは無理でしょうから、チェックリストのような形ででも、相手の中身を理解できれば、もっといいと思います。

平木　マイナスのデータもありますが、オルソンが強調しているのは、結婚はこれがよいというものはないということなんです。少なくとも最初の三タイプは成功していく可能性があるので、いろいろあってもよくて、プラスにどう転換することができるかなのだ、と。つまずきはプラスにできる、つまずいた石を踏み台にしなさい、と言っているんです。第四の葛藤解決ができないタイプに必要なのは訓練であり、夫婦カウンセリングの主なテーマでもあります。

柏木　それは日本の人の場合も、一番課題になるかもしれませんね。先ほど話したように、晩婚化、非婚化という結婚に消極的な傾向の背景には、葛藤を避けていること、解決する力がひ弱だということがあるでしょう。結婚する前もそうですが、結婚してからも役割をめぐる葛藤は多いですよね。この渦中にいると解決はとても難しいものです。実は、「家族契約」という制度が、日本でもあるんです。これは主に農家で行われています。農家では三世帯の中に嫁ぐことが多いものですが、その場合、お嫁さんが食事を用意するのか、その場合は野良にも出るのか、といった具体的な生活上の役割分担がとても重要でしょう。そのほかにも、労働の報酬をどうするか、どういう経営をするか、収益をどう分配するか、休日や労働時間はどうするか、といったことについて、家族のメンバーの間で決める制度なのです（表1－1）。この八ケースを見れば、どのような仕事を、誰が、どのような条件でするかを決めている様子がわかるでしょう。これはとてもおもしろいですね。農家でなくても、大家族でなくても、結婚した二人の役割分担や生活の基本ルールをこのくらい具体的に考えたらよいのではないかと思います。たとえば、仕事がその人の生活の中でどの程度に位置づけられるかについて、多くの夫婦がきちんと了解していないんですよね。仕事を家まで持ち帰ってしたり、仕事だからしかたがないと帰宅時間や家事分担の言い訳にしたりしますが、あらかじめ「家族契約」のような形できちんと話し合い、了解事項としていくことで、問題がどこにあるかを確認するのはとても大事だと思いま

表1－1　「家族経営協定書」の内容（青柳涼子『農家家族契約の日・米・中比較』御茶の水書房，2004年）

農家番号	協定締結者	協定締結時期		協定書名称	協定内容											
		初回	現在（調印回数）		経営の理想など	労働報酬	収益分配	休日	労働時間	役割分担	部門分担	経営移譲	相続	家事労働	家事労働報酬	介護
1	３者（経夫婦＋後）	1997年3月	1999年3月（2）	家族経営協定書	●	●		●	●	●	●	●		●		
2	４者（経夫婦＋後夫婦）	2001年3月		家族経営・生活協定書	●	●		●	●	●	●	●	●	●	（●）	●
3	２者（経夫婦）	1998年3月	1999年3月（2）	家族経営協定書	●		●	●	●	●		（●）				
4	６者（経夫婦＋経親夫婦＋後夫婦）	1996年4月	2000年3月（2）	わが家の約束ごと	●	●（給料）		●	●	●				●		（●）
5	３者（経夫婦＋後）	2000年	2001年（2）	家族経営協定書	●		●	●	●	●						
6	２者（経夫婦）	2000年6月		家族経営協定書	●		●	●	●	●	●					
7	４者（経夫婦＋経親夫婦）	1998年	2000年（3）	家族経営協定書	●	●		●	●		●					
8	２者（経夫婦）	2000年3月		夫婦協定書	●	●		●	●	●				●		

経：経営主，後：後継者，経夫婦：経営主夫婦，後夫婦：後継者夫婦．

した。

平木　二〇〇八年のデータですが、アメリカの就職支援サイト〈Salary.com〉によると、平均的な専業主婦の労働を換算すると、一日一三・五時間で、年収にして日本円で一二〇〇万円もの価値があるということです。それを日本のサラリーマンが聞いたら、みんな妻には知らせたくないと言ったそうですが、夫がそういうことを考えてもみないで、仕事の苦労のみ言うのはよくないですよね。家事、育児に介護も入ってくるでしょう。女性はこの人と結婚したらどうなるか、自分はどう生きたいかということを、前もって考える必要があると思います。

柏木　どちらもが自分の生き方を貫けるかどうかは重要な決め手ですね。誰でも結局は一人なんですよね、結婚しようがしまいが。結婚しても、いつ相手が死ぬかもしれないし、離婚するかもしれない。となると、男も女も一人で生きていけることが基本でしょう。夫に養ってもらう、妻に家事をしてもらうという関係が、いまは成立しなくなったのですから。逆に言えば、一人で生きていく力を男女双方が持っていることを前提に、スタートしないといけないですね。にもかかわらず、女性は男性の収入や職業を考慮する、男性は女性の家事能力や容姿を重視するというのは、時代の変化を直視していないなと思います。

平木　オルソンたちのプログラムも、結局は、人生はよい意味でも悪い意味でも、変化し続けるということが前提なんですよ。

柏木　そうですね。人生の変化とは、つまり二人の関係の変化でもあるけれども、それは閉じた関係ではないのですから、世の中の変化とも無縁ではないんです。世の中が変われば、以前はこれでよいと思ったことがそうでなくなることもあり得るわけでしょう。そういう社会科学的な視点が結婚や夫婦の関係を考える上で必要ですね。いまは、結婚に心理的な安定を求めているでしょう。つまりは、親密圏としての結婚ですね。それと、愛というのを取り違えているんですよね。人間的な愛情は変わるのが当たり前なのに。でなければ、不倫も恋愛も起こりませんからね。

平木　北米の夫婦関係研究の第一人者、ジョン・M・ゴットマンは、六五〇組の夫婦と面接し、一四年間の追跡調査をしています（松浦英明訳『結婚生活を成功させる七つの原則』第三文明社、二〇〇七年）。面接の際は、夫婦の会話、表情、ストレスレベルなどのほか、脳波、心拍数、呼吸数、発汗量などによる科学的データも集めて、心身両面から調べました。その結果、夫婦関係再生の秘訣は七つの原則（左記）にあると発表し、夫婦の言動を五分間観察するだけで、九一パーセントの確率でその後の結婚の成功・失敗を予測できると言っています。

原則１　二人で「愛情地図」（配偶者の人生にかかわる情報）の質を高め合う
原則２　相手への思いやりと感謝の心を育てる
原則３　相手から逃げず真正面から向き合う
原則４　相手の意見を尊重する
原則５　二人で解決できる問題に取り組む
原則６　二人で行き詰まりを乗り越える
原則７　二人で分かち合える人生の意義を見つける

柏木　知的感情、感情的知能というのもその一つですか。

平木　こころの知能指数（EQ）をベースにして結婚生活を送ることだと言っています。知能指数が高いとか、裕福だとか、喧嘩をしないなどといったこととは関係なく、豊かな感情を育むことです。つまり、相互理解が深く、相手の名誉を守り、尊敬し合うかかわりを習得することによって、幸福な結婚生活を送ることができるというのです。ゴットマンは、七つの原則を中心に、夫婦を集めてグループ訓練をしていて、多くの夫婦が関係改善に成功しています。この考え方は、先ほどお話しした「プリペアー」の第一の活気のあるタイプと共通するところがあると思いますが、相手のプラスの面を見つけて重視するよう心がけ、二人で解決しようと思うかどうかにかかっているようです。

柏木　以前に、日米の比較研究をしていた時にも感じたのですが、日本の親は子どもとの葛藤を避けるけれども、アメリカの親は子どもとある面では違いや葛藤があることを正面切って受けとめて、そこからどうするか考えるんです。夫婦の関係も同じですね。

平木　そういう意味でアサーションが必要ということをゴットマンも言うんです。一対一できちんと葛藤解決をする訓練では、最後に、相手に感謝することやよかったことを伝えるように言われるそうです。日本から夫婦で出かけていったセラピストが、その訓練を続けていると、日常でも段々とそうするようになって、関係がよくなったそうです。

柏木　言葉というのは大事ですよね。お礼とかねぎらいとか、当たり前のことでもやはり口に出すかどうかですごく違いますね。家族だから言わなくてもわかり合っていると思うかもしれないけれども、言葉にすることが大事なんですよね。

結婚前のコミュニケーションの重要性

平木　現実のケースでは、いわゆる家事や分担について話し合っていても、結婚してみないとわからない部分もたくさんあります。葛藤がどんなところで起こるかというのは、少し長くつき合わないとわからないですし、恋愛中は葛藤解決の経験も少ない。いま若い人たちは、結婚前に同棲してみるということを始めていますので、そういう中での経験は、プラスになっていると思います。

柏木　検討すべきことをきちんと検討して、これなら結婚できるっていうふうにね。

平木　結婚してみるとわかることもたしかにあって、恋愛中は限られた時間だけ抽象的に過ごしているので、何がよくて何が気に入らないか、耐えられないか、などあまり表に出てこないですね。実際暮らしてみると、いわゆる性格の不一致は些末なことが発端だというのがよくわかります。気にいらないことがあるとか、それをうまく相手に伝えられないとか、伝えたらけんかになってしまって葛藤解決ができないとか、そういうことがどんどん雪だるま式に積もって、関係が悪くなる人たちがとても多いのです。成田離婚なんて、まさにその極端な例で、具体的なことが解決できなくなったら嫌いという話になってしまうんです。相手のことをよく知っていると思い込んで結婚したけれども、細かいことになると実は違って、こんなはずじゃなかったとなる。違いや葛藤に直面する体験なしに結婚するので、たいした問題でなくても、相手は自分を愛してない、ということになってしまう。

柏木　相談に来て、一方がこういうことが気に入らないと訴えると、それを聞いた相手はそんなことが気になっていたのかと驚く、そんなズレが起こることはありませんか。

平木　よくありますね。多くの場合、そのズレを表面化させず、解決しないまま放ってあって、カウンセリングの場で初めて聞かされるのです。何か問題があって、一方がイライラしたり無口になったりしても、相手は追及しないのです。そして、一方がついに我慢しきれなくなって、嫌だと言い出したら大げんかになるけれども、そのまま解決しないまま暮らしているんです。最初の問題の内容は、洋服を洋服ダンスにしまうかしまわないか、そんなことなんですが。

柏木　使ったものをすぐ元に戻さないとか、ちょっと気にいらないとすぐ捨てるとか、つまらないことでも、それがそれぞれの人にとっての生活の快適さとかかわりますからね。そういう点では、結婚前に同棲してみるのもよいかもしれませんね。

平木　あるいはもっと恋愛中にきちんとけんかする。よいけんかをしておくことです、けんかもコミュニケーションなんですから。夫婦やカップルの問題は、最終的にコミュニケーションだと思います。

2章　コミュニケーション不足が招く夫婦の危機

夫は満足、妻は不満

柏木　まず、全体的に離婚が増えている背景として、結婚満足度をめぐる問題があるでしょう。これを扱った研究では、夫は結婚生活や配偶者に満足しているが、妻は不満、というデータが繰り返し出ています。ところで、結婚の道具的な価値は一般に低下し、結婚の価値は親密性という情緒的な結びつきに収斂しています。ところが、図2－1に見られるように、男性では有配偶者のほうが配偶者のいない人より精神的安定度は高いのに、女性では全く差がありません。つまり、男性にとっては結婚で精神的安定を得られるというメリットがあるのに、女性にとってはそれがないのです。いま、ほとんどが恋愛結婚になり、相思相愛で始まったのに、なぜ愛情が薄れてしまうのでしょうか。機械でさえ手入れが必要なのですから、人間関係ではなおさらなのに、夫の側からのメンテナンスが欠けているのではないでしょうか。

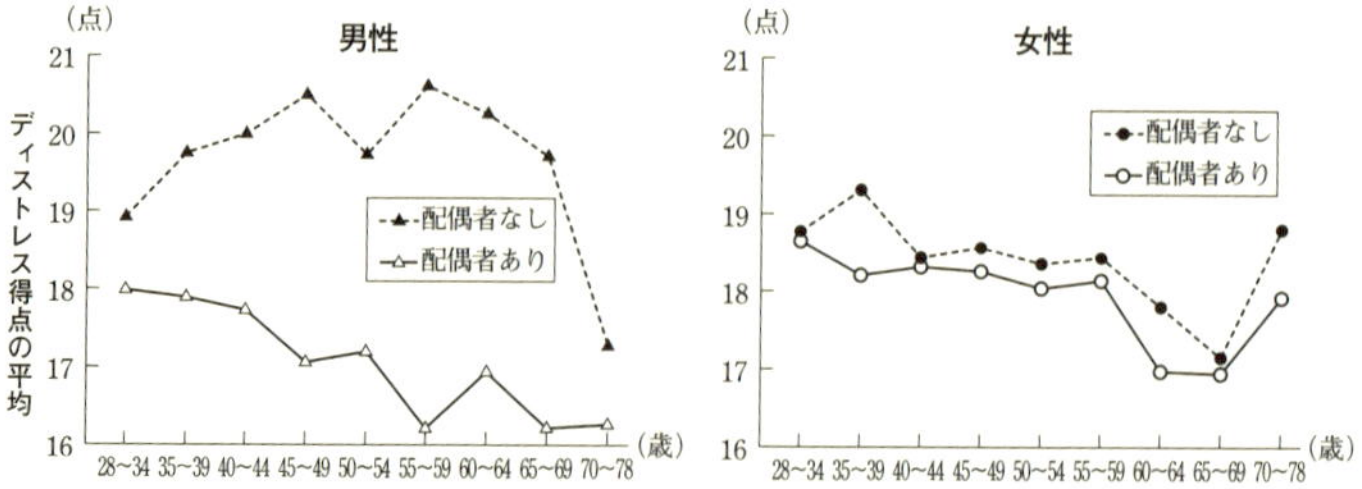

図2−1　男女別・年齢別に見た配偶者の有無とディストレスの関係（稲葉昭英「結婚とディストレス」『社会学評論』第53巻第2号，2002年，69－84頁）

平木　恋愛中は「生活」をともにしないですからね。ジェンダーの問題もあるとは思いますが、結婚生活になると、関係維持の努力をやめて課題を達成することにエネルギーを使う夫、健康、生活、かかわりのメンテナンスをひたすらせざるを得ない妻と、それぞれの役割分担が決まってしまいがちです。昔はメンテナンスにも十分な価値があったのですが、家事の外部化や省力化によって、現代の社会では課題の達成にばかり価値が置かれるようになったので、メンテナンスの役割を担うほうが不満を持つことはあり得るでしょう。不満だから子どもを自分の思い通りに育てて課題を達成しようとするわけです。育てるというよりも、むしろ、成果として子どもがよい学校に入ったとか……。

柏木　人から評価されるとか、これだけのものに到達した、達成したという、目に見える手応えがあるものが大事だというわけですね。

平木　メンテナンスは平常に戻す作業で、食器を洗って片づけるとか掃除をするといった現状維持や復帰ですから、変わらない現状だけ見ている限りでは、そこに費やさねばならないエネルギーは見えません。しかし、1章で述べたように、年収一二〇〇万円にも相当する膨大なエネルギーになるわけで、それは男女関係なく、すべての人が担わなければならないと思います。

柏木　家族が快適に暮らすためのメンテナンスの役割を妻が全部担ってしまいがちなのは、恋愛中にその役を引き受けてしまっているからではないでしょうか。女性は男性に気軽に何かしてあげる、すると相手が喜ぶ、こうしたことから男性の世話をすることが女性の側に身についてしまい、結婚後もそれがずっと持ち越されてしまう。その結果、メンテナンスするのは妻、されるのは夫という関係が当たり前のようになって続いているというか……。妻は夫からもしてほしいと思っているのに、妻がするばかりで、それに対する見返りどころかねぎらいもない状況が、妻にとって結婚の魅力がなくなる大きな原因なのではないでしょうか。

平木　目に見えないことに対する気づきがないんですよね。それは、妻がメンテナンスの価値を自分でも認められなくなっていくことにつながります。誰にも認められずに存在価値がないと思ってしまうこともあり得ます。目に見える成果を上げる人のほうが上だという意識にもつながってくるので、結婚への不満に直結してくると思います。

柏木　そのような不均衡は、結局ジェンダー問題ですね。妊娠して子どもを産むことは女性しかできませんが、その他の生活上のメンテナンスは男女どちらでもできるはずなのに。女性が家庭外で仕事を持って働くことがめずらしくなくなったいまも、家庭内のメンテナンスは妻が担うという不均衡が続いています。この矛盾を解消していくことが重要ではないでしょうか。そういう流れを変えるには時間はかかりますが、子どもの教育から変えていかなければならないでしょう。男の子には何がなんでも大学に行かせる、家事はさせないということだと、家事が上手なのは女の子になり、ついメンテナンス役割を担うことになって、「身についた主婦性」という悪循環が起こってしまうわけです。これは男性の幸福にもかかわる問題です。特に、男性が介護をする立場になった時に起こっている虐待や殺人などの悲劇を耳にするといたたまれないです。男性にケアする心と力が育っていないことが露呈していると思います。

平木　生まれながらの能力ではないですからね、ケアというのは。体験と訓練をしながら身についていく部分が大きいですから。

ズレを認め、コミュニケーションは柔軟に

平木　それから、結婚生活では、瑣末なことで様々なズレが生じてきます。たとえば片づけなど、こ

だわるポイントが違うわけです。そういうズレは当然のことなのに、愛情がなくなったと思ってしまい、相手を責める材料にしがちです。違いがあることが大事なんですけどね。家族療法をしていると、人間の本来的なあり方として、似たものに魅力を感じる、または異質なもの、自分の持っていないものに魅力を感じるという二つのパターンがあり、そのパターンが結婚にも現れているのがわかります。

柏木　結婚の場合には、似ているものだけに共感を寄せる、あるいは違うからよいというだけでは成り立ちませんね。たとえば、非常に基本的なところでは似ている、一致していなければなりませんが、それ以外のところでは、違いや自由があってよいというふうに、両面を併せ持つことが大切ですね。

平木　似たもの夫婦では一致している部分について、競争したり細かな点で争ったりしていて、異質な夫婦ではそれぞれがいつも決まった役割を取って硬直化していて、いずれの場合もそれが行き過ぎると不満は出てくるということです。

柏木　たとえば異質な夫婦は、カウンセリングを受ける過程で、それをどのような形で発見していくのでしょうか。

平木　カウンセリングでは、違いをはっきりさせていく手伝いをします。「デコボコは、一緒になるとすごくうまくいくんですよ」という話から始めて、「ただ、それがずっと続くと動きが取れなくなり、よかったこと自体に不満が出てくる」と言うと、納得してくれます。「なぜ私はいつもこの役割を取り続けなければならないのか」という思いが両方に出てきます。たとえば、夫は自分がしたいことを全部相手に押しつけているのに、「なぜ俺がいちいち言わないと、お前は自発的にできないのか」と妻に言い、妻は妻で「なぜ私はあなたの言うことにハイ、ハイ、と従っていなければならないの。少しは、私の言うことも聞けば」となるわけです。異質な夫婦ですが、おたがいに似たもの夫婦になりたがっているわけです。逆に、似たもの夫婦は相手に違う部分を求めたくなる。相補的になっている時が少しでもあれば不満も解消されるのですが、似ている部分で競争的になって、補い合えないまでになるわけです。似たもの夫婦も異質な夫婦も、たまにルール違反をしないとうまくいかなくなるのです。

柏木　そういうモデルを見せることはあるのですか。

平木　カウンセリングの中ではその場で示すことができます。たとえば、似たもの夫婦の中には、議論が大好きな二人がいます。「でもね……」「でもね……」というやりとりを実際しています。「たまには『うん』と言ったらどうだ、と言いたくなりませんか。『でもね』と言わないで、『そうね』と言ってもらいたいでしょう」と聞くと、その通りだと答えます。一方が言ったことにもう一方が「そうね」と言う、つまり相補的になりたい時があるのに、それを逃してしまっているんです。

柏木　それはやはり外からの、介入というか、ヒントがあって初めて気がつくのでしょうか。

平木　いつの間にか気がついて実践できる夫婦もたくさんいますが、自分たちだけでは気がつかないパターン化したコミュニケーションの夫婦もいます。その関係がよいと信じていたり、習慣化していたりするので、そのルールに違反できなくなっているところがあって、それが落とし穴だということに気がつかないのです。コミュニケーションは柔軟であることが大切ですね。

黙っていてはわからない

柏木　恋愛中には二人は活発で親密なコミュニケーションをしていたのに、なぜ黙っていてもわかり合えるということになってしまうのでしょうか。

平木　恋愛中も問題かもしれませんが、結婚すると、わかり合っているつもりで、たくさんのことを省略するようになっていきます。ところが、省略していることが、実は重要なことだったりする……そういうことが起こってしまっているんだろうと思います。

柏木　わかっているはずだと思い込んでしまうのですね。一時期、「空気を読む」という言葉がはやったでしょう。読まない人はＫＹだと言って、それはよくないと非難するという風潮がありますね。でもあれはおかしなことだと、私は違和感を持っているのですが、いかがですか。

平木　ツーカーとか以心伝心とかに頼るということにつながっていく危険性がありますね。空気を読んでいたら、誤解だらけのコミュニケーションになっていきます。率直に言わないとわからないことはたくさんあるので。ＫＹと言われる理由は、おそらく配慮が足りないというところからきたのでしょうが、黙っていても通じるとか、察してもらいたいでは現実には進まないと思います。

柏木　文化人類学の原ひろ子さんいわく、日本人は「言わなくてもわかり合える」という関係が一番よい、という美学を持っていると。たぶん、もっとコミュニティが小さくておたがいに生活をともにしている村社会では、そのような関係も成立したのでしょう。それですんだでしょう。でも、それは明らかに変わってしまったわけですから、やはり、感情も含めてきちんと伝えるという力は不可欠です。夫婦も、夫唱婦随の関係の場合は、黙って聞いて従えばよいので以心伝心ですんでいたのでしょう。しかし、いまは夫婦対等になり、言葉を介した相互理解と親密性のやりとりが求められるようになって、コミュニケーションの重要性が非常に高くなったにもかかわらず、言葉に出さないというのは不幸なことだと思います。

平木　その通りですね。国際交流も進んで、違いがあって当たり前という社会になってきていて、その違いは語り合わないとわからないのに、それを同じだろう、省略してもわかっているはず、用事だけ言えばそれですむと思い込んでいることで、ひずみが出てきます。ある時、ビジネスマンたちに、「駅に着いたら大雨が降っていて、家までは一〇分歩かなくてはなりません。傘は売り切れで、タクシー待ちの列ができています。家に電話をかけて迎えに来てもらおうと思ったら、何と言いますか」と聞いてみたんです。すると、「いま駅にいるんだけど、迎えに来てくれないか」とか、「車出してよ」とか言うので、「いまどういう状況か、家で電話を取った人は知っていると思いますか」と聞くと、やっと、「そうか、大雨が降っていることは知らないかも」という話になります。さらに、「電話をかけた時に相手が何をしていたかわかりますか」と聞くと、「そうだ、それも知らないな」と言う……。中には、まず、「ちょっと外見てよ」と電話をかけて、それで「すごい雨だろう。傘も売り切れていて、タクシー乗り場も並んでいるんだよ。せっかく今日は早く帰れると思ったのにさ……。いま何しているの？　悪いけど、迎えに来てくれないかな」と言う人もいるのですが。そのように言えば、相手は「いいよ」と答えてくれるでしょう。つまり、何が問題かというと、相手の状況を考えていないということと、いま自分が置かれた状況を説明していないということ。相手の立場にも立たない、こちらの立場も説明しないで、ツーカーだと思っているということです。こういう状況が頻繁に起こっているわけです。語り合って違いをわかり合うことでしか、人間がともに生きていくすべはないのに……。以心伝心という思い込みは、複雑化したいまの社会では通用しません。

柏木　『ことばは男が支配する』（D・スペンダー、れいのるず＝秋葉かつえ訳、勁草書房、一九八九年）という本をはじめ、言葉のジェンダー差が指摘されています（ほかに、中村桃子『ことばとジェンダー』勁草書房、二〇〇一年など）。が言語能力の男女差は、男女の生活の分離と密接に関係していますね。男性は職業生活の中で、論理的で明快簡潔な表現、そして感情を交えてはならないというスタイルが身につく。一方、女性は地域でのつき合いや子どもの相手の生活では、感情を豊かに具体的に話す必要があり、そのスタイルが身につく。このために、同じ日本語を話しているのに、コミュニケーション・スタイルの違いから相手にイライラしたり、通じなくなったりしている……。

平木　たとえば、「今日はスーパーを三軒も回って、これを買ってきたのよ」と言う妻に対して、夫が「結局安いのを買ったんだろ」と論理で反応してしまうと、妻は自分がどれだけ大変だったかを伝えたいのに、通じないという状況になります。仕事という論理の世界に生きている夫が、そうした思考になってしまうのはある程度仕方ないですが、妻は、子どもが突然おしっこをもらしてしまうわ、予定はひっくり返るわというような、不条理な世界で感じていることを語っているので、それに論理で答えられると困惑するわけです。

柏木　『話を聞かない男、地図が読めない女』（A・ピーズ＆B・ピーズ、藤井留美訳、主婦の友社、二〇〇二年）は、男と女の脳が違うからだという話ですが、男女の生活の体験の違いは無視できない要因だと思います。妻は家計をやりくりしているわけで、そういう体験があれば、スーパーを三軒も回ったということがいかに大変かわかるけれども、夫はただ高い安いという論理しかわからない……その辺が悲劇の元ですね。

平木　ズレているんです。でも、なぜズレているかがおたがいわからないんですね。妻はもう少し論理的になり、夫はもう少し情緒的になればいいなと思うんですけど。

柏木　いまの日本の社会では、夫はワーク・ワーク、妻はライフ・ライフと、二人でワークとライフを分担してしまっています。そうではなく、夫／男性も、妻／女性も、やはり一人ひとりそれぞれワークもライフもバランスよく両方担うことが、生活感覚の上でも、コミュニケーション・スタイルとして論理的な表現も感性豊かな表現も両方養う上でも、絶対に必要だと思います。その教育と、広い意味でのコミュニケーション教育が非常に重要だと痛感します。

アサーション・トレーニングとは

柏木 コミュニケーションの重要性について語ってきましたが、どのようにコミュニケーションを豊かにするかという、積極的な教育なり対策なりを考えなければならないと思うのですが。

平木 コミュニケーションというのは、たぶん普遍的にこの本のどのテーマにもつながっていく問題だと思いますが、コミュニケーション教育はまだまだ進んでいません。その中で、アサーション・トレーニングが広がっているのは、コミュニケーションに問題を感じている人が増えたためでしょう。アサーション・トレーニングについては、『図解 自分の気持ちをきちんと〈伝える〉技術』（ＰＨＰ研究所、二〇〇七年）という本を書きましたが、さらに『子どものための自分の気持ちが〈言える〉技術』（ＰＨＰ研究所、二〇〇九年）も書きました。こちらはおとな向けに、おとながどう変わると子どもとのコミュニケーションが変わるかということ、その中でも気持ちのやりとりの重要性をひたすら強調しています。

柏木 コミュニケーションとは二人の間の受け答えですから。どういうボールを投げて、どういうふうに返すかということですが、イエス・ノーだけみたいなやりとりにもなり得ますし……。子どもと母親が玩具で一緒に遊んでいる時、どんなやりとりをするかについて、日米比較した研究（Fernald, A., & Morikawa, H. Common themes and cultural variations in Japanese and American mothers' speech to infants. *Phonetica,* No. 57, 1993, pp. 242－254）では、アメリカの母親は、物の名前を教えたり逆に質問させたりしている、他方、日本の母親は「こんにちは」や「おかえり」といった社会的、関係的表現が多い、という違いが見出されています。

平木　アメリカは課題達成的ですが、日本は人間関係的なんですね。また、アメリカの母子ではやりとりがありますが、日本は母親が一方的に教えているでしょうか。教師や母親によく言うのですが、日本語には社会的なやりとりの中にも、応答的な言葉が山ほどあるので、たくさん使ってほしいです。

柏木　ケータイのような、非常に簡便だけれども、一方で、情報を伝える力を弱めてしまうものが普及してしまっているという問題もありますね。メディア教育開発センターの大学生一二〇〇人を対象にした調査（二〇〇六年）によれば、ケータイ・メールの送受信回数が多い学生ほど、日本語テストの点数が低く、中学生レベルだというのです。たしかに、お礼を伝える場合ひとつ取っても、その表現は相手によって、何をいただいたか、何をしてもらったかなどによって、いろいろあります。でもメールだと、サンキューですませてしまいがちでしょう。豊かな表現力を養うために、手紙やハガキを書くことを習慣にしてはどうかと思います。書くとなると、同じお礼状でも相手によって語彙も表現も違ってくることがわかるし、自分がどう嬉しかったか、何に感激したかを少し書くだけでも、相手との交流はずっと豊かになってきます。アメリカの大学には、ライティングセンターというものがあります。学生が書いたレポートをアシスタントが逐一点検して、この部分ではなぜ受身の表現を使うのか、なぜ is ではなく would be を使うのかなどと、一対一的で文章を批判的に点検し、書き手の思考をいちいち確かめるのだそうです。日本でもこのような訓練が必要ではないでしょうか。

平木　対面の会話も大切ですが、書く訓練が表現力とつながるとよいですね。アサーション・トレーニングでも、ケータイの問題には注目しています。最近のケータイの使われ方は、コミュニケーションの手段で言うと、要するに、主にメールでの文字情報の交換なんです。文字情報だけではうまく気持ちが伝えられないから、たくさん絵文字を使うのですが、やはり限りがあって、耳に入ってくる音の高低や強弱とか、ニュアンスとかもなければ、ボディ・ランゲージもないので、伝えられることとしては対面の半分以下になっています。

柏木　なるべく「短く」「早く」となるから、限られた語彙だけを使うことになりますしね。

平木　そう、腹が立っている時に、「うざい」とか「死ね」になってしまいます。子どもたちのコミュニケーション能力が著しく低下していることは、非常に問題です。人間は動物と違って言葉が使えるけれども、それなら言葉だけでコミュニケーションできるかというと、用事のやりとりだけをしていたら、伝わらないものは山ほどあると覚悟したほうがよいでしょう。

柏木　ケータイ・メールがその類のコミュニケーションを助長している可能性がありそうですね。ケータイ・メールで伝えるほど急ぐことは、実はそれほどないのではないでしょうか。やはり相手のことを考えながら書くことで、表現力やその人自身の感情の働きが磨かれることがとても大切だと思います。算数の学力テストでは、日本の子どもたちは、計算が得意な反面、文章題が苦手だそうです。状況をどのように言語で表現するか、言語で表現されたものからどのような関係性を抜き出すかという力が衰えているのでしょう。

平木　もちろんケータイ・メールでもツーカーでうまくいく場合もあると思いますが、それは日頃よいコミュニケーションをしているからでしょう。表現という意味では、アサーション・トレーニングでは、自分の感情に気づくこと、自分の感情を相手にきちんと伝えることが、大きなテーマです。

柏木　アサーションというと論理的に主張するという印象を持ちますが、実は自分の感情をきちんと汲み取って、アピールすることが大事なのですね。感情をもっと表に出す必要がありますね。

平木　ええ。特に男性が弱い気持ちを表せないことが多いのです。「まいったんだよね」とか「困ったんだよね」というような。男性は弱みを見せてはならないと思って怒りに変えて強がってしまったり、逆に女性は怒っている時でも泣いてしまったり。感情表現のジェンダー差も大きいです。感情的にならず、相手に伝わるように、自分の感情をきちんと表現するためのアサーション・トレーニングは、非常に大切です。夫婦げんかは、感情のやりとりのズレがもとですから。

柏木　どのように自分の気持ちを表現して、きちんと相手に伝え、アピールするかという力を備えるための教育が、絶対に必要ですね。それは、職業人としても家族のメンバーとしても重要な課題ですし、相手の気持ちを読み取ることにもつながりますよね。

浮気・セックスレスと親密性

平木　コミュニケーションの問題は、最近は浮気などをきっかけに表面化してきています。妻が浮気をしているという相談はあまり多くないですが、夫婦とも浮気の相談の中身はあまり変わりません。ただ、夫は、仕事を口実に、妻にばれないように隠してきていて、妻は安心しきっています。夫婦関係はそんなにいいわけではないけれども、「子どもと結婚しているような妻と、会社と浮気している夫」の形を取っています。それがある時ばれて、妻は、この二〇年はいったい何だったんだと思う。

口惜しい、しかし経済的に別れられないということになるのです。

柏木 夫が浮気をするというのは、夫婦間が心理的には離れていて、それぞれ自由勝手がいいと言いながら、夫のほうにはやはり何か、親密な関係というものを求める気持ちがあったということですか。

平木 そういうことだと思います。家族とのつながりが薄いことで得られない親密さを求めているのでしょうが、求めるものが何だったかを意識できていないので、ばれてからもあわてるだけ。浮気がばれた時に、浮気はあくまで浮気なので、別れる気がないという夫が結構います。ばれたら妻のところに戻ってくる。妻にばれないように浮気していて、ある時ばれて妻が憤る、自分は別れる気がないから妻にうながされてカウンセリングに来る、というケースがかなりあります。

柏木 そういうケースでは、相談に来た結果、夫はその浮気相手とは別れて、何事もなかったかのように元に戻るのですか。妻のほうも、別れるよりはと元のさやに納まるのでしょうか。

平木 何事もなくということではありませんが、夫は浮気相手と別れる決心をすることが多いです。そして、妻の怒りが治まり、夫婦のあり方を見直すまではずっと相談に来ます。

柏木　すると、あきらめ切って、体裁だけ繕ったような夫婦関係は多い（宇都宮博『高齢期の夫婦関係に関する発達心理学的研究』風間書房、二〇〇四年によれば、半数近いと思われる）けれども、元のさやに納まっているんですね。妻が離婚を決断しない理由として、経済的なものは大きいですか。

平木　大きいですね。

柏木　いまのところ、妻のほうが経済力がないことが多いですから、いまの生活水準は維持したい、そのためには夫の経済力を失いたくなくて、取り繕った形で状況を治めて、夫に非があって悪くても我慢するわけですね。そう考えると「離婚できない不幸」というのはいまでもあるんですね。中高年になると、夫婦間の親密な関係をあまり大事にしなくなってしまうということでしょうか。

平木　ケースの中には、心理的には離婚しない理由がわからないと思うような夫婦もいます。妻は夫への信頼感を失い、とても悲しい思いをして、夫に恨みや怒りを感じているのですが、別れられない。一方で、浮気をきっかけに関係を見つめ直して、うまくやっていく夫婦もいます。家族への自分のコミットメントが必要とされないほど仕事に追われている夫は、心の隙間に浮気が芽生えていても、妻に不満があるわけでもない。夫は一生懸命償おうという気持ちで妻の責めを受け、ともかく戻る努力をし、妻がそれを許すこともあります。ただ、浮気がばれなかったらそのままだったのかなと思うと、人の心は難しいですね。ばれるまでは、実は信頼とか親密さのある関係ではなかったのですから。

柏木　そのままでは、親密圏とも言えない、ただ馴れ合って気楽でいられるというだけの関係ですね。

平木　夫が償う過程で、親密さが生まれる可能性はあります。それが夫婦関係の再構築になることはあります。「雨降って地固まる」というか、それまでは親密な関係があるということさえ知らなかったということもあります。

柏木　妻は、結局は経済的な理由から別れない状況だということは、将来、女性がもっと経済力を持つようになってきた時に、違う解決をする可能性はあるかもしれませんね。妥協しないということになるかなと思いますけれど——。

平木　妻が浮気した場合の夫の苦しみは経済力ではないことが多いので、妻自身あるいは妻の浮気相手に経済力があれば、別れはより早いかもしれません。

柏木　その点で、女性の経済力がどう変わっていくかが結婚の持続性に大きく関与してくるでしょうし、そうなれば緊張感が生まれていいかもしれません。あきらめ切ったり妥協したりして、体裁だけ繕ったような中高年夫婦になるのではなくて、もう少し積極的な意味での親密圏を保とうとする努力ができるような気がします。

平木 経済的に頼っていると、自分はこの人のことが好きなんだろうか、親密なんだろうかということがわからなくなってしまうようです。そういう意味でも女性の経済的自立は必要なのでしょう。

柏木 最近、『仕事とセックスのあいだ』（玄田有史・斎藤珠里、朝日新聞社出版局、二〇〇七年）を読んだのですが、多忙でセックスレスになるのはわからないではありませんが、むしろそうではないケースが結構あって、仕事が忙しい人ほど婚外セックスが多いのだそうです。結婚とセックスの関係は臨床から見るといかがでしょう。日本ではセックスレスが多くなったと言われますが。

平木 実際の原因はよくわかっていません。臨床ケースから想像すると、忙しくて両方とも疲れているというのもあるでしょうが、どちらかと言うと親密性の問題が大きいと思います。昔は、親密であるということは一緒に生活したくなるということで、柏木先生もおっしゃっていたように、結婚をしないとセックスをしてはいけないという状況にあって、親密性と結婚とセックスとが重なっていたわけです。いまは、婚外セックスが自由になって、親密性とは関係なく欲望だけでもセックスできてしまうし、セックスの意味は、人によって違ってきているのではないでしょうか。セックスを、一方では、子どもの誕生やその後の共同養育に結びつく親密性の証拠として求めながら、もう一方では、親密性とは全く別の、自分たちで操ることができるもののように思ってしまっているというか。

柏木　意識調査によれば、以前はセックスの必要条件が結婚だったのが、最近では愛情で可へと変わっています（ＮＨＫ放送文化研究所『現代日本人の意識構造（第六版）』日本放送出版協会、二〇〇四年）。これも親密性の問題と関係しますね。苦楽をともにするほどの親密性がない関係でもセックスする・できる社会になって、たとえば、長時間労働でくたびれてくつろぎたい時に、飲みに行こうというのと同じような調子で、婚外セックスが行われることもあるわけでしょう。妊娠をコントロールできるようになったいま、女性の側もそういう関係を認めるようになって、夫婦のセックスレスとは裏腹に、婚外セックスが増加しているのかもしれませんね。

平木　セックスは親密性の証拠ではないという方向に向かっているのでしょうね。

柏木　避妊の知識や技術が普及した結果、セックスと子どもの関係が切れた、そこで、結婚していなくてもセックスしてもよいということになり、結婚はこの点でも軽い意味しか持たなくなりました。これは重要な問題です。有性生殖なら、オスとメスがセックスして子どもが生まれる、これはどの動物でも変わりませんが、人間だけがそこに結婚という制度を入れて、子どもがそのオスとメスに守られ育つという保障をしたのです。ところがいま、欧米では結婚しないカップルが半数にも及ぶ勢いだそうですし、日本でもシングル・マザーが増え、子どもにとっては両親に守られることが実質的に少なくなり、他方、おとなも幼くか弱い者を育てることが減る、危うい時代になってきています。だからこそ、子どものことについても、慎重に考えることが非常に重要ですね。

平木　相談に来た人たちに結婚に関する話をする時に、「夫婦は相手を選んだり捨てたりできるけれども、子どもたちは親を選んだり捨てたりできないんですよ」とよく言うんです。

柏木　子どものいない時期の若年層の離婚は、見合い結婚が主流だった時代には結構多かったそうですが、子どもができてから安易に離婚して実家に戻ることについては問題だと思います。そうした事態はキャリア・プランニングが十分にされていないから起こるわけですが、平木先生のおっしゃるように、子どもは親を選べないのだから、母子家庭になったり人生が変わったりということについての責任を、もう少し考えなければいけないのではないでしょうか。

平木　また、離婚すると、夫婦に親密性がなくなったとか仲が悪くなったということで、子どもに相手を父親とか母親とは認めさせないという状況になっています。「あんな人のところに行かせない」とか。子どもにしてみれば大迷惑ですよね。

柏木　子どもにとってはあくまでも父親であり母親なのですから、両方に甘えたり、会ったりするチャンスをつくるのは当たり前。ところが、子どもを引きとって育てているほうが、子どもを自分の持ち物みたいにしてしまう、それが問題です。できちゃった結婚をして、離婚して実家に戻り、また子連れで結婚した例を知っているのですが、その子どもは三回も名字が変わっていて、実の父親には会っていないのです。どんな気持ちでしょうね。それこそ子どものアイデンティティにかかわることでしょう。いつでも自分が宙ぶらりんな状態でいるというのがどういうことか……痛々しいです。

平木　子どもの気持ちをわかっていないですね。たとえ離婚していても、子どもが自分の父親と母親には仲よくしてほしい、いつまでも父親と母親だと思っているかもしれないということを、受けとめていないのです。

柏木　実際には仲が悪いにしても、子どもにとってはそれぞれ大切なかけがえない二人がいるということを保障することが、とても大事なんですよね。

親密な関係と暴力

平木　親密な関係を考える上で、4章で詳しく説明しますが、アブラハム・H・マズローの欲求の五段階説にふれたいと思います。自立と言えば、自己実現ができることのように思われていますが、マズローの説のおもしろいところは、自己実現とは「私が一番なることが適している人間になること」だと主張しているところです。私がなることができる人間になろうとするには、周りとの競争も成果を上げることも大切だけれども、自己実現の域に達したら、周りを見るのではなく、自分の内面を見つめるようになるというのです。

柏木　日本人は、人がどうしているかとか、人並みにとか、人に笑われないように、など他人のことを気にして、自分の目標や将来を決める傾向が強いですね。そうではなくて、何をすることが自分に意味があるか、自分が生きいきできるかが主眼になるわけですね。

平木　自己実現というと、自分がやりたいことが好きにできるようになることのように思っている人が多いですが、マズローによれば、できることを選び、できないことをあきらめるという作業があるので、些細なことでも、する意味があると思えることを自分で見つけなければならないのです。使命の達成というのは、自分にとって意味があり、できること、なすべきことを決め、それが人のためにもなっていると思えるものだと思います。

柏木　人が決める、人を見て決めることではないのですね。人から尊敬されたい、認められたいというのではなく。日本では、認めるというと、よい会社だとか、どういう地位だとか、その人が属しているものになりますね。

平木　自己実現の域に達している人は、周りを見てあれこれ悩む時間はもったいないし、つき合っていく人の数も減るけれども、自分の大切な人たちとは親密な関係ができるのでしょう。

柏木　その親密な関係について、夫婦間での、特に夫から妻へのＤＶ（ドメスティックバイオレンス）の多さをどう考えるかが問われますね。ＤＶに限らず、もう少し広く男女間の暴力ということで言えば、セクシャルハラスメントや痴漢にも当てはまることですが、これはやはり、男性が上、男性は強いのが魅力という、ジェンダーに起因しているように思います。それからもう一つは、社会的地位とか経済力は権力構造に結びついていますが、その社会のものさしが家庭の中にも入り込んできていて、社会に出て稼いでいるほうが権力を持つということが、ＤＶのバックグラウンドにあると思うのですが、いかがでしょうか。

平木　ただ、妻の浮気で夫が悩むケースや、夫が妻の暴力に耐えられなくて離婚したいというケースも増えつつありますので、一概には言えなくなりました。夫の暴力を妻が訴えて、夫婦で一緒にカウンセリングを始めると、妻も暴力をふるっていたことがわかるケースもあります。夫から妻へだけでなく、逆転現象も起こっていて、コミュニケーション能力が男性だけでなく、女性も低くなっているということかもしれません。

柏木　葛藤があって、暴力をふるうというのは、親密さに甘えているというか、許されると思っているのでしょうか。言葉での葛藤解決の力が弱まっているのでしょうか。

平木　そうだと思います。『現代のエスプリ』（第三五三巻、一九九六年）で「親密さの心理」の特集を組んだことがあるのですが、親密さとはよく考えてみると、複雑でなかなか難しい関係です。心理的な関係としては、葛藤があっても意味があり、おたがいわかり合えて、近くにいたいと思えて、かつ別々に離れていても平気で……という、そんな関係が親密さだと思うのです。つまり、親密さにはパラドックスがあって、自分らしさを失わずに、相手と心地よい関係をつくれるということです。いつも仲がよくていい気分でいられるわけではなく、近づこうと思えば思うほど、葛藤が起こったり違いがはっきりしたりするので、傷つくことも増えます。いわゆるヤマアラシのジレンマです。その時に誰に癒してもらいたいかというと、いま争い、葛藤を起こしているその相手です。傷つけた人が、相手を癒すことができると親密さが回復します。しかし、傷つけ合うようなことになると、決定的なダメージになり、親密さも壊れていきます。1章でふれましたが、ゴットマンの『結婚生活を成功させる七つの原則』によれば、二人が違っていることも、葛藤が起こってけんかしたりするのも当たり前だけれども、うまく行くかは、その後もおたがいにこれからも仲よくやって行こうと思い、それを伝えることができるかにかかっているそうです。親密さとは意見や価値観が違っても大丈夫で、けんかや葛藤は当たり前、それでも相手といることに意味を感じる関係なのでしょう。つまり、葛藤や違いなどの問題を含めた関係なのですが、日本人は一致することだと思っているきらいがあります。

柏木　夫婦は一心同体がよいと思いがちですから。また一致点を見つけると、安心するきらいもあります。これは夫婦に限らず、人間関係の中で、自分との差の認め方の問題ですね。違いがあるからよいという認め方があるかどうか。一心同体というのは幻想だと思いますが、結婚に関する調査（柏木惠子・平山順子「結婚の〝現実〟と夫婦関係満足度との関連性」『心理学研究』第七四巻第二号、二〇〇三年、一二二─一三〇頁）では、男性は女性に比べるとそれをはるかに重視しているのです。それで、相違が起こると、男性の側から女性の側に爆発しがちなのではないでしょうか。

平木　一致することが大事だと思っているから、一致しないとそれでダメだとなってしまうのですね。そこで、自分と同じになれという押しつけ合いのけんかになる……。

柏木　それから、どんなことでも許されるのが夫婦だとか親密な関係だと思ってしまっているということもありませんか。昔はＤＶがあっても、警察は、親しい仲だからでしょうとか、家庭内の問題だとか言って介入しなかったですし、そういう考えが世間でも共有されていたと思います。

平木　そうですね。適当な距離を取り合うことが大切なのに。

柏木　親密な関係というのは、どちらかに傾斜してしまうと、その人が考える一心同体が満たされないからといって、相手に対して暴力をふるうということにつながってしまいますよね。

平木　きっとそうでしょうね。最近は、妻が強くなっただけに、暴力に訴えることにもなっているのかもしれません。

柏木　圧倒的に夫から妻へのほうが多いですけれどね。やはりこれはジェンダーの病でしょうね。

平木　そうですね。いまは「草食系男子」などやさしい男性も現れていますが、腕力があるのは男性ですし……。ただ、先ほどのコミュニケーション力との関連では、言語的なコミュニケーションが苦手なほうが暴力に走りがちですね。

柏木　「草食系」とからかい気味に言われますが、いままでの伝統的な男性観、力強く積極的で支配的なのが価値がある、というのとは違う男性が現れたという点では、とても意味がありますね。「男は強くたくましく、女はやさしく温和で」という二分法的な生き方では、男女とも通用しない、やっていけない時代になった。そうした社会の変化への柔軟な適応とも言えるかもしれません。肉体労働も少なくなったので、男らしく強くたくましくというのもそんなに必要ではないですし、女性も社会で働く場合、温和でやさしいばかりではダメですし……。

平木　ジェンダーによるアイデンティティに縛られず、その人らしい性格を表現できているという意味では、個性として、男女逆転があってもよいですね。アメリカでは女性も戦争に行くし、日本でも女性の自衛隊員もいますし。

柏木　それから、最後にふれておきたいのですが、親密な関係の中での性的な暴力に関しては、予防法、教育や治療抜きには語れませんね。

平木　臨床ケースでも非常に気になる大きなテーマとして、性教育があります。どこまでうまくいっているかは別として。

柏木　ウェブ上でもＤＶＤなどでも性的な情報があふれているいま、もう少し性教育の整備をすることが大事ですが、性的暴力の加害者の治療と訓練が重要だと思います。臨床社会学の中村正さんは、加害者男性に、なぜ暴力に走ったかを語らせ、暴力の背景にある「男性は強く」という文化に気づかせる、当事者のグループ「メンズサポートルーム」を運営しています。当事者同士が語り合うことで、ジェンダーの認識と行動を変える臨床社会学の実践ですが、このような取り組みを進めていく必要があると思います。さもないと、被害者をシェルターに隔離しても、一時的な対応で根は絶たれず、キリがないですから。ソーシャル・スキル・トレーニングではそういうプログラムはないのでしょうか。

平木　おたがいに攻撃し合うような実りのない関係も、攻撃的、暴力的に自分の思いを押しつける加害者になることも、逆に自分の思いや気持ちを表現しないで非主張的に相手に従って被害者になっていくことも、何とかしなければなりませんね。夫婦カウンセリングで、コミュニケーションの問題を持っているカップルに対して、ソーシャル・スキル・トレーニングやアサーション・トレーニングを取り入れ、具体的なやりとりの訓練をします。そこでは、相手の言い分に流されない自分の気持ちの把握の仕方、それを言葉にするスキル、そして相手の言い分に耳を傾ける能力向上を目指します。また、ＤＶやセクシャルハラスメント、パワーハラスメントを受けた被害者のカウンセリングでは、被害者が悪いから暴力を受けたのではないこと、「ノー」を言う権利があることを伝え、自分の気持ちや「相手と違う意見」をアサーティブに伝える訓練などをします。つまり、攻撃的な人に対する対応の仕方があることを教えます。私が実施しているアサーション・トレーニングは、一般の人向けの集団訓練ですので、特定の場面での細かい表現法の訓練はしませんが、自分も相手も大切にするためのベーシックな態度やものの見方の獲得と表現法の訓練をします。個別のアサーション・カウンセリングでは具体的な技能の習得が可能です。

3章　ワーク・ライフ・バランスの重要性

生活時間調査から

柏木　生活時間調査は非常に単純ですが、誰にも公平な一日二四時間をどう使っているか、どのような生活をしているかを実に雄弁に語ってくれるという点で、注目しています（代表的なものとして、伊藤セツほか編著『生活時間と生活福祉』光生館、二〇〇五年、矢野真和『生活時間の社会学』東京大学出版会、一九九五年）。その中に、いろいろな国の生活時間を男女別に比較できるようにまとめた貴重なデータ（図3－1）があるのですが、仕事時間と家事・育児の時間に注目してみると、日本では、男性は仕事ばかりで家事・育児の時間はほとんどないことが、他国に比して特徴的です。他国でも、男性は仕事時間のほうが長いですが、それなりに家事・育児の時間もあって、日本の男性がいかに仕事だけに偏ってアンバランスかということが歴然です。日本の女性はどうかというと、仕事時間と家事・育児の合計時間がほぼ半分ずつくらいになっていて、その限りではバランスが取れているように見えます。

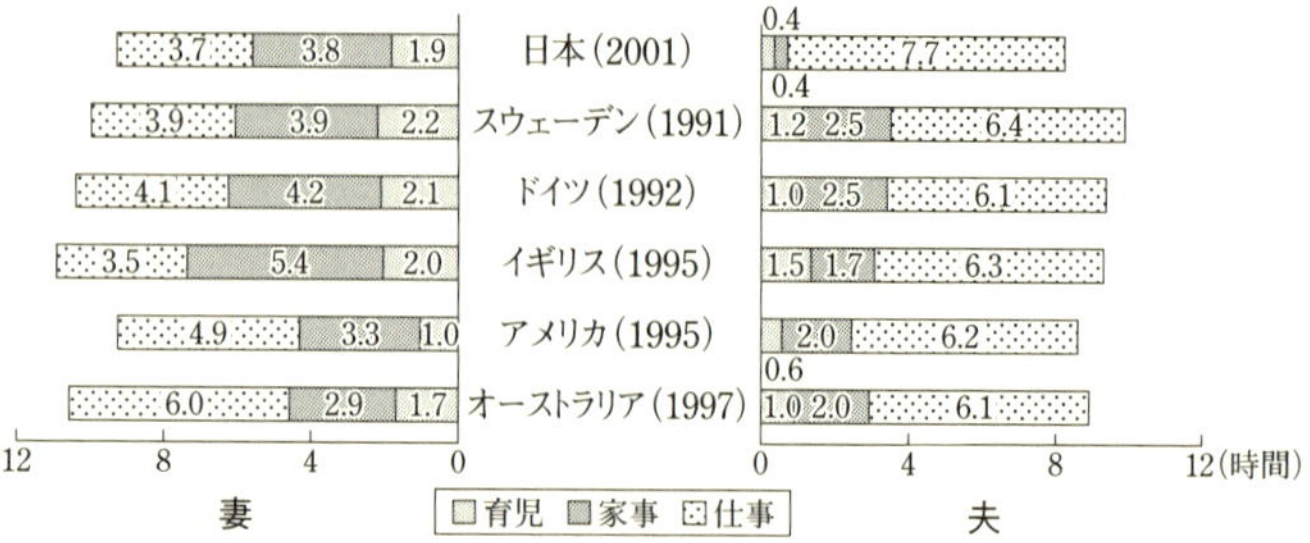

図3-1 育児期にある夫婦の育児・家事・仕事時間の各国比較（内閣府『男女共同参画白書 平成19年版』2007年を改変）

ただし、これは全女性の平均なので、女性では男性並みに仕事だけの人もいれば、逆に家事・育児のみの人もいるというように、かなり個人差が大きいのです。平木先生はこの結果についていかがでしょうか。

平木　いわゆる時間とか形態というところで、それぞれがワークとライフのバランスをどのように取ろうと考えているかについて、非常にわかりやすく、典型的に表現されている調査ですね。ところで、このワーク・ライフ・バランスのライフは、何を意味しているんでしょう。

柏木　もともとは職業という公的なものに対して、もっと私的なもの。ですから、その中にはもちろん家事・育児もあるけれども、個人としての趣味や勉強、さらにくつろぐということも入るどころか、むしろそちらのほうが大事なのです。けれども現実には、そうした私的な趣味や教養の時間は本当に少ない、そちらに回す余裕がないのが日本の現状かもしれません。これはたいへん問題ですね。ただ、先ほど、女性には仕事ばかりの人と家庭ばかりの人がいると言いましたが、後者の中には家事・育児以外は個人的な活動をしている人もかなりいるだろうと思います。音楽会、展覧会、教養講座、テニス教室などに行きますと、ほとんど女性ばかりですから。一方で、稼ぎを一手に担っている男性の側はそうした活動時間は取れないという構造は、問題ですね。

平木　個人がどうバランスを取ろうとしているかという、質の問題もありますね。たとえば、基本的には、一日二四時間のうちの八時間働けばいい、つまり三分の一働けばいいのだから、睡眠時間を八時間取ったとしても、残り八時間あるわけですよね。この八時間の中味はどうなっているでしょうか。この八時間がうまく使えていれば、睡眠と合わせれば、仕事よりもはるかに自分のために時間を使えるはずなのですが……。

柏木　仕事が八時間ではもちろん収まらず、通勤時間が結構長い、それに、サービス残業、また持ち帰りもあり、これらを含めた仕事関係にさく時間が多くて、おそらく一二時間ぐらいになっている人は少なくないでしょう。そして、二四時間のうち半分が仕事関係に費やされると、睡眠や食事など生命維持でもう一杯になってしまうというのが、働いている人の状況でしょうね。長時間労働（週当たり五〇時間以上）をしている人の比率は日本が世界一高いのです（内閣府『平成18年版 国民生活白書』二〇〇六年）。そのことであらゆることにしわ寄せが来ていることは明らかです。ただし、日本の男性は一番労働時間が長いために過労死すると思われがちですが、これはそうとは言えないようです。たしかに過労死しているのは男性が多いのですが、仕事と家事・育児の両方を含めた総労働時間で見ると、女性のほうが男性より長く働いているのです。しかし、女性は過労死していない。この意味は重大です。女性は、ワーク・ライフという多重役割を担って長時間働いているのですが、それがワークだけしているよりも心身を活性化させる可能性がある。だから、トータルの労働時間は長くても、複数の異質な仕事を担うということに積極的な意味があるのでは、と考えられます。

平木　ほとんどの時間を仕事に使っているということは、『家族の心はいま』で使った言葉で言うと、自分の「メンテナンス」をやっていないということになりますね。

柏木　だから当然ですよね。心身が病んでいって、過労死に至るということも。

平木　回復せずに消耗する方向に行ってしまう可能性はあるわけですね。多重役割は違う機能を使うので、メンテナンスもできるということだとすれば、そのほうがいいのは納得できます。

柏木　仕事を持っている女性の多くは、仕事と家庭の両立の問題を抱えています。それは困難と言えばたしかに困難ですが、それがあまりに過重でなければ、異質な役割を担うことが積極的な意味を持つ可能性があるのです。また、女性はワークとライフをうまく両立させようと、多様な働き方をしています。女性の約七割は出産時に仕事をやめてしまうのですが、その後、再び仕事を始めようという場合、どういう仕事を探すかなどを調べた研究（柏木惠子研究代表「育児期女性の就労中断に関する研究」『埼玉県男女共同参画推進センター共同研究報告書』二〇〇三年）があります。それによれば、子どもが学校から帰ってくる時間には家にいるように、仕事を持ち帰らなくてもすむように、家に近いところに、などの観点で仕事を選んでいます。その結果、雇う側からすればあまり当てにならないと、安い賃金での周辺労働者になってしまったりもするのですが、仕事での役割と家庭での役割をうまく調整している、その意味ではワークとライフのバランスを取っているとも言えるでしょうね。

平木　よく言えばそうですね。ライフとは、生きることを心にとめ、時間を使っているということですから。ワークばかりの人は、元気な限り働いていればいいと思っていて、生きること、つまり元気であるかどうかについては関心がないというか……。たとえば、育児は、生死にかかわるので、嫌でもライフに関心を持たなくてはならないですね。料理をつくるとか、掃除をすることも同じです。生きることを人まかせにして仕事をしているのが、男性なのかもしれません。

柏木　もう一つ、私が生活時間調査で注目しているのが、多くの先進諸国では、全体で見ると、仕事にかける時間のほうが家事・育児にかける時間よりも長いことです。特に日本が一番極端ですが、これは、うがってみればお金が入らない家事・育児をなるべく省いて、稼げる仕事を長く、というふうに読み取れないでもないですね。唯一、逆の国がオランダで、仕事よりも家事・育児に長い時間を取っています。オランダは、男女にかかわらずパートタイマーが多いことで注目されています。つまり、ここでは男女ともにライフのほうを優先しているとも言え、日本では女性だけがライフを何とかうまくしようとしてワークの面、働き方を工夫しているのとくらべると、うらやましい。オランダでは、夫も妻も二人ともパートタイマーとか、いまは自分がフルタイムだけど次は相手がフルタイムにというふうに、男女とも柔軟に工夫しているという点がとても重要だと思います。日本では、女性だけが育児に差しつかえない形で仕事しようとしているけれども、男女ともに調整するという形にならないと、いろいろ無理やゆがみが出てきますね。

キャリア発達の重要性

柏木　最近、日本でも共働きが多くなってきましたが、それでもまだ、サラリーマンと専業主婦からなる世帯数は、共働き世帯数の八割弱あります（図3-2）。『子供をもつと夫婦に何が起こるか』（J・ベルスキー&J・ケリー、安次嶺佳子訳、草思社、一九九五年）という本がありますが、日本では、女性は仕事をやめて家事・育児に、男性は稼ぎ手として仕事に専念する、というのが一番典型的なできごとです。つまり、子どもの誕生が性別役割分業を成立させる契機になっているのですが、このあた

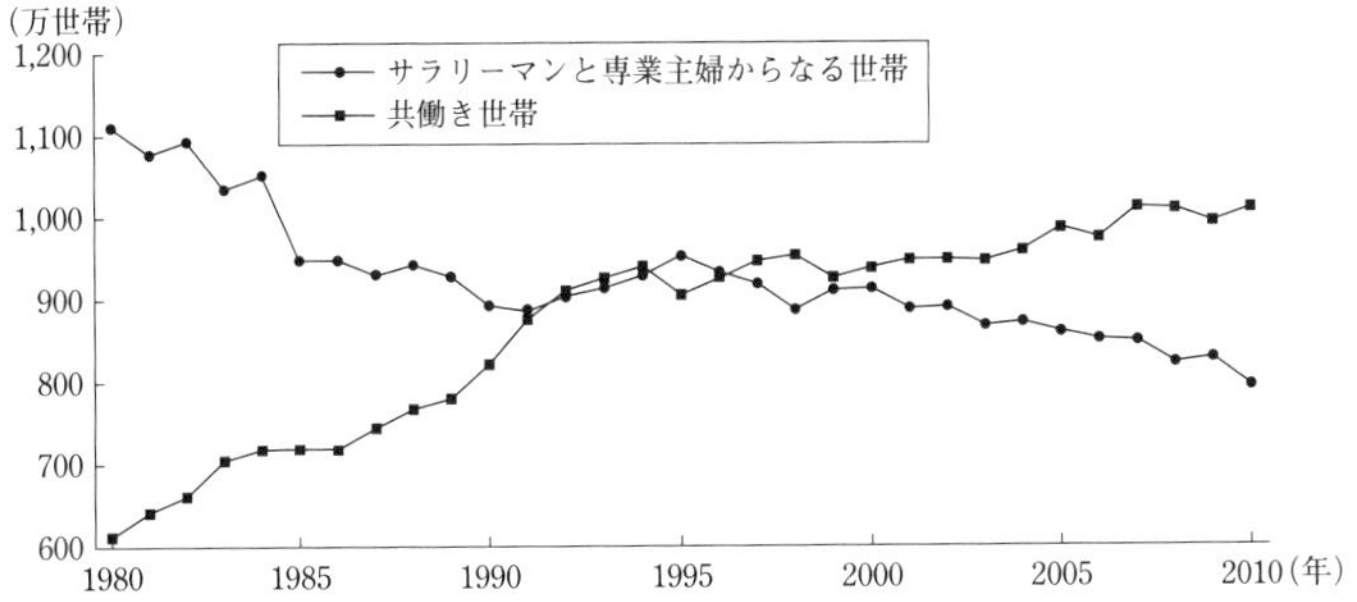

図3-2　共働きとサラリーマン＋専業主婦の世帯数の推移（内閣府『男女共同参画白書平成23年版』2011年を改変）

りは臨床のケースからはどのような形で問題になっているのでしょうか。その時はそれが一番いいと思って仕事をやめる女性もいれば、自分は続けたいと思ったのにやむなくやめる女性もいて、それによって影響も違うだろうとは思うのですが……。

平木　いずれの場合もやめる方向に女性が行きがちな理由には、一つは女性のほうが育児に適しているという固定観念がありますね。もう一つは、最近一層はっきりしてきた理由だと思いますが、女性のほうが収入が少ないことです。たとえば、女性はパートタイマーや派遣社員だったりすることが多く、解雇されやすく、やめやすい理由にもなります。

柏木　いずれの場合にも、子どもを育てるということと、社会で働き続けて、自分の収入を持つということを、どのくらいきちんとした形で女性が考えていたのか、また夫婦間で合意していたのかが、問題になってきそうですが。

平木　それは非常に大きいですね。仕事を通してのキャリア意識は女性のほうが低い上に過酷な労働条件下では、パートタイマーしか選べないし、専門職にはなかなかなれないし、一時的にやめて、また時期が来たら勤めればいいと思ってしまいがちです。キャリアという形ではなくて、経済的に家計を補うための仕事になってしまいがちなので、生きいきと仕事をしているかというとそうでもない。もちろん男性の側にも、キャリアを考えずに家族を食べさせるために働く人もたくさんいます。いずれにしてもキャリアの視点抜きでは、ワーク・ライフ・バランスは質的に成り立たないと思います。

柏木　ただ、男性の場合は、キャリアということをそれほど強く意識しないし、また仕事をやめるということはほとんど考えないですね。自分が専業主夫になろうとはまず考えないでしょう。男性は働いて自分の食い扶持を稼ぐことは当然のことと考えているけれど、そういう意識が女性には非常に低いですよね。

平木　男性はキャリアを考えなくても、自分の生涯で働くことを大きな目標として位置づけていると思います。キャリアも働くことも考えない女性が多いのは事実ですね。自分が生きていくためにどうするか、という基本を見据えていないから、離婚して母子家庭になった時に困ります。一方、子どもが生まれて、やむを得ず仕事をやめても、もう一度仕事に就きたいと思って相談に来る女性もいます。そういう女性には、自分のほうが収入が少ないという事情で仕事をやめた人はいますが、積極的に自分だけで子育てをしたいからやめたという人は少ないようです。

柏木　女性が仕事をやめた場合、そのおかげでその家族が幸せになったかというと、そうでもないのではないでしょうか。男性は、自分だけで稼ぎを担わなければならないから、嫌でも言われた通り働く、残業も稼ぎに関係してくるからやめられないなど、過労死に至るような働き方をせざるを得ないですよね。他方、仕事をやめた女性は、育児の責任をたった一人で担って、自分育てのチャンスも時間もなくなってしまったことに初めて気づき、閉塞感や育児不安に陥るというのが典型的でしょう。そう考えると性別役割分業というのは、男性にとっても女性にとってもうまくいかなくなっていると思うのですが、どうでしょうか。

平木　ライフとは何かという問いにつながると思うのですが、たとえばワーク・ライフ・バランスをしっかり取ってもらうために会社が定時に退社させるとしても、日本の男性と女性は、自分がやりたいことで次から次へと空いた予定を埋めそうな気がします。どこかに勉強に行って、次は習い事をして……と、ライフのはずが、ワークの延長になってしまっている人が多いと思います。そういう人は必ずしもライフを楽しんでいるのではなくて、相変わらず課題を達成しようとしているようです。時間を確保したからとか仕事をやめたからといって、ワーク・ライフ・バランスが取れるとは限らないのではないでしょうか。

柏木　つまり、家事・育児ではない、もっと個人の生活を豊かにするという意味でのライフへの欲求があまりないということですね。それはなぜでしょうか。能率とか成果とかが、まじめなだけに、日本の人たちの行動規範の中に染みついてしまったのでしょうか。

平木　価値観の違いもあるでしょうが、自分の生活を豊かにするのは何かということに視野を広げて考える必要があるでしょうね。

柏木　仕事を持つことの意味を十分考えずに、仕事をやめて専業主婦になってから、こんなはずではなかったと失望したり不安になったり、自分がなくなったような気がしたりというのでは遅いんです。もっと早くから、自分にとって仕事とは何か、自分はどういうことで生きいきできるのか、そのためにはどういう生活が必要か、適しているのか、仕事を続けるということがどういう意味があるか、どういう人と結婚すればそれが可能なのか、などが考えられていない結果でしょう。自分について省察するチャンスを早い時期から持たないといけないと痛感しますね。

多重役割と夫婦間の対等性

柏木　次に、多重（複数）役割の影響についてですが、実証研究では主に女性の場合がとり上げられていて、そこには二つの仮説があります。一つは増大仮説で、複数の役割を担うことで心身のエネルギーが増して、おたがいに保障し合う、というポジティブな影響があるだろうというものです。もう一つが欠乏仮説で、増大仮説とは反対に、エネルギーは一定なので複数の役割に分けるとそれぞれの役割達成が不十分になってしまうというものです。研究（金井篤子「ワーク／ファミリー・コンフリクトの規定因とメンタルヘルスへの影響」『産業・組織心理学研究』第一一巻、一〇七―一二二頁）の結果は、複数の役割を持っている場合、それぞれがあまり過重ではない、つまりやたらと忙しくはないことと、役割を担うかについて主体的な選択ができる、つまりいやいや引き受けているのではないこと、という条件が満たされる限りは、一つだけの役割を担うよりも多重役割は精神的健康に寄与するというものです。つまり、女性がワークとライフをどちらも積極的に自分の役割だと思っている場合には、二つの役割をすることが相互に補償し合って、心理的健康に寄与する可能性があるのです。ただし、日本の場合、ライフは女性の役割とされていて選択の余地がない、しかも男性はほとんどせず一人で担うことになりがちなために過重になってしまっている。そのために、多重役割の影響はマイナスに傾く可能性が非常に大きいのです。このあたりが大きな問題だと思っていますが、いかがですか。

平木　家事・育児などの家庭労働は誰もがやらざるを得ないことです。仕事ももちろんやらざるを得ないのですが、選択できます。一方、家庭労働は、たとえば掃除をしなければ家はめちゃくちゃになってしまうわけで、それが気になる側、多くの場合、女性がやることになるのではないでしょうか。

柏木　そもそも恋愛中に、男はリーダーシップを取る、女性は従順で相手の世話をするというふうにジェンダリングが起こっていて、女性は男性に何でもしてあげてしまいがちですね。お弁当もつくってあげれば、徹夜してセーターも編んであげるというようなことが起こってしまうわけです。男性はそうされるのは快適ですから、喜んで受け取る態勢ができてしまう。こうしてできた関係が後々までつながってしまう。これが多重役割の問題にもつながります。家事や育児、介護というケアは女性が担うことになる。そこでその負担が過重なものになり、欠乏仮説が言うように、仕事にもマイナスの影響が出るのです。特に、育児がプラスになるかマイナスになるかは、サポーターがいるか否か、とりわけ子どもの父親が育児に関与しているかどうかで、変わってきます。母親の育児や子どもへの否定感情（つまらない、かわいくない、愛しくないなど）を、父親が育児に参加している場合とほとんど育児しない場合とでくらべると、差は歴然です（図3－3）。「ともに育児している」ということが大切なのです。いま、日本では少子化が問題だと騒がれています。そして女性が、育児と仕事を両立できるようにとの施策がとられています。育児は女性がするもの、と考えられているからです。でもそれはあまり効果が上がっていません。もう一人の親である父親が育児することなしに、子どもは生まれないようです。父親の育児時間と次子が生まれる確率は完全に対応しているのです（図3－4）。

平木　家事を担うことはマイナスになるのですか。

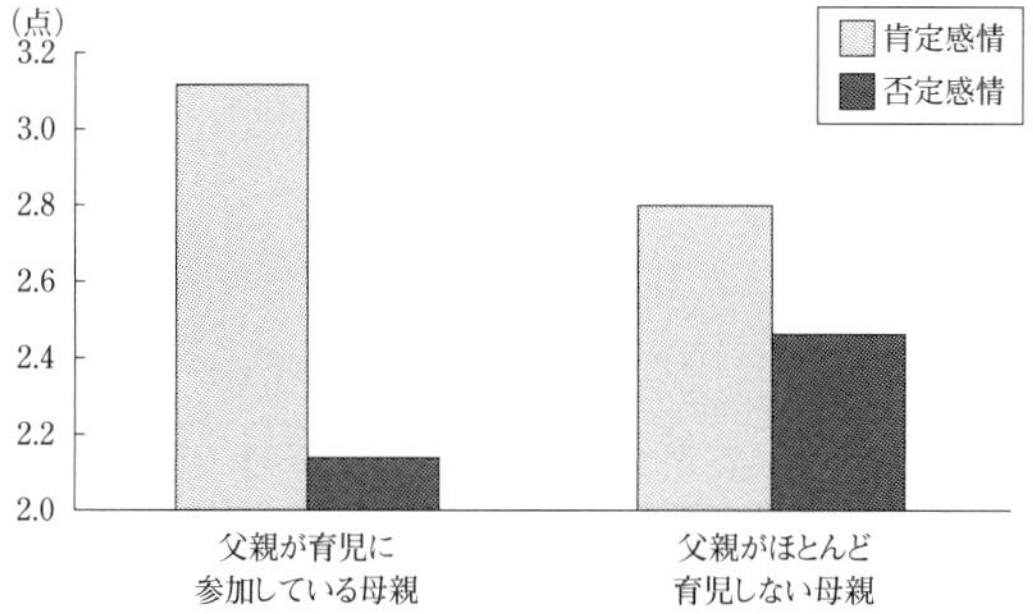

図3-3　父親の育児参加度と母親の育児感情（柏木惠子・若松素子「『親となる』ことによる人格発達」『発達心理学研究』第5巻第1号，1994年，72-83頁）

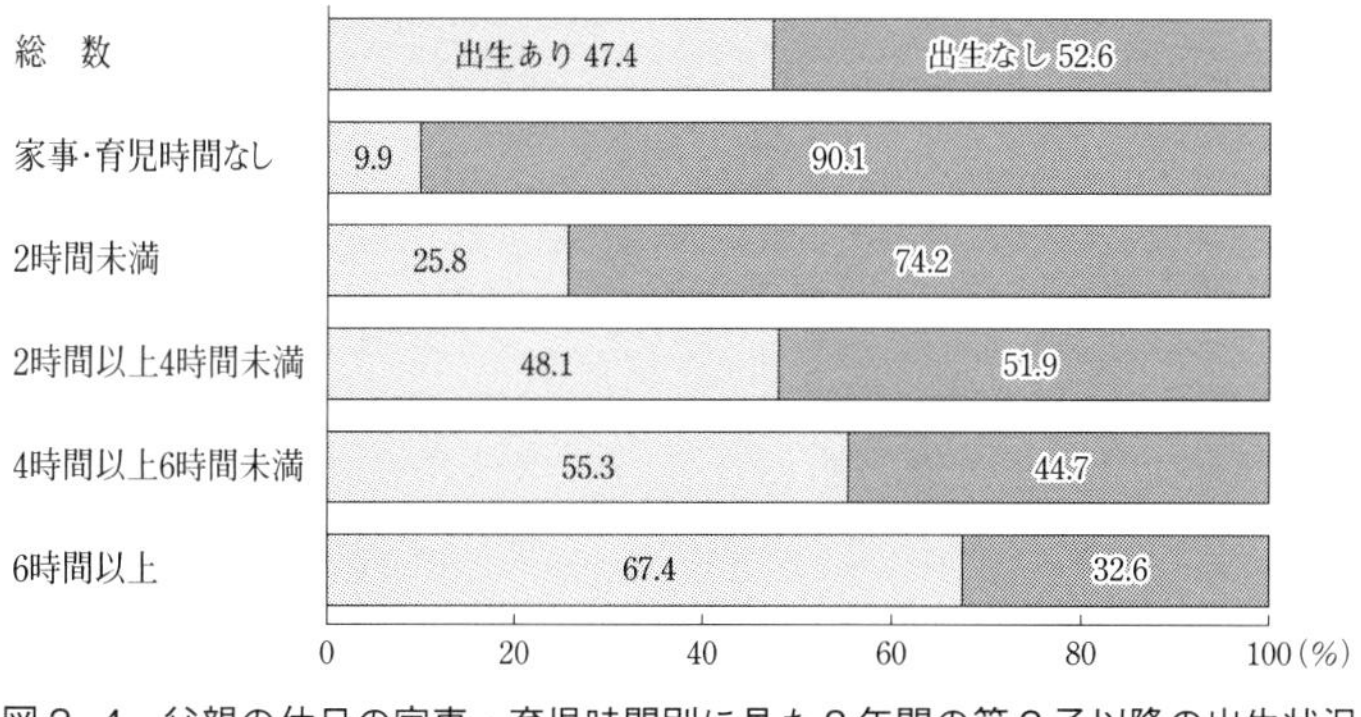

図3-4　父親の休日の家事・育児時間別に見た8年間の第2子以降の出生状況（厚生労働省『第9回21世紀成年者縦断調査』2012年）

柏木　だから日本では、だんだんそれを外部化したり、省力化したりという形になってきているのではないかと思いますが、マイナスになる一因は、女性だけが担うことが前提、そして現実であるからでしょう。そうでなければ楽しんだり、工夫したりできるのではないでしょうか。家事を誰がどのようにしているかについては、社会学者が大きなデータベースを丹念に分析した研究があります（永井暁子・松田茂樹編『対等な夫婦は幸せか』勁草書房、二〇〇七年）。おもしろいと思ったのは、夫が家事をする場合、たくさんするから不満が起こる、しないから幸せというわけではなくて、その人がどういう価値観を持っているかがキーになっていることです。妻が専業主婦だろうとフルタイムで働いていようと、夫の満足度には差がないんです。ところが、妻が専業主婦で、夫は自分ももっと家事をしたいと思っているのにやらせてもらえないとか、逆に、共働きで、自分も家事をすべきと思っているのに仕事に追われてあまりできないとかいう場合には、夫の不満が高まるわけです。その点では、キャリアを考える時に、自分が何をしたいか、どういう考え方かということを検討し、それに基づいて自分の生活設計をする、あるいは相手の選択をすることも重要ですね。

平木　対等というのは量ではなくて、望みのかなえられ方なのですね。自分と相手が何をどう分担するのが一番いいかとか、何をどう変える必要があるかを考えていくことが、対等ということになるのでしょう。

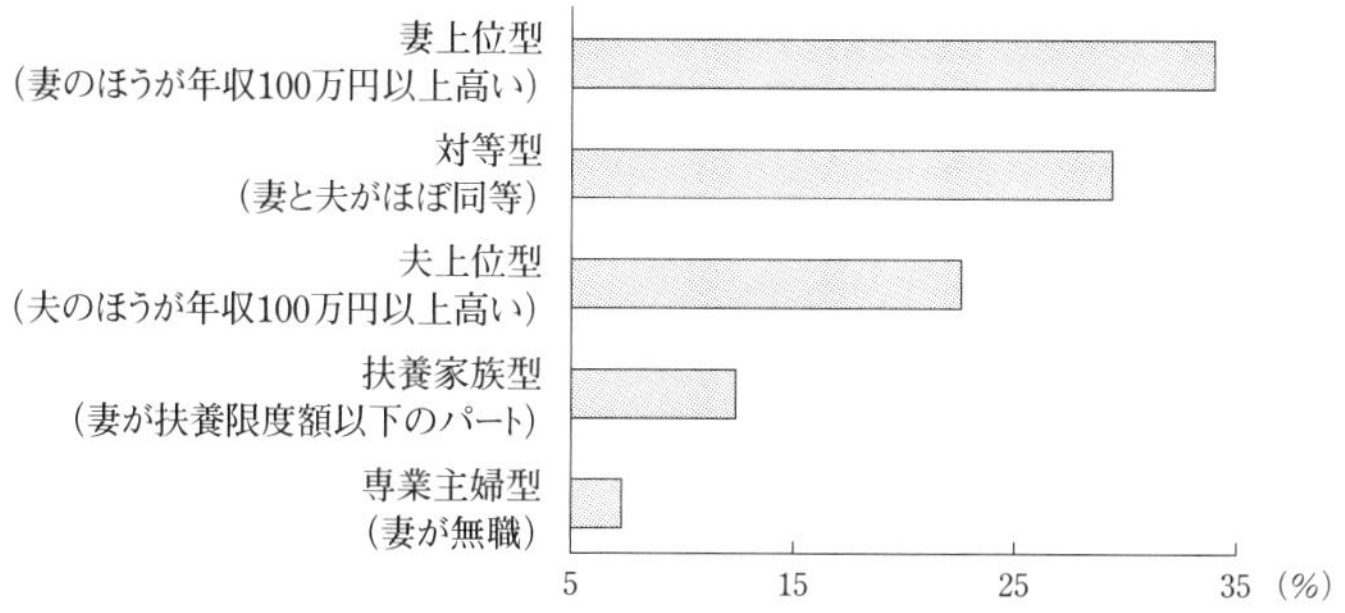

図3–5　夫の家事（食事づくり・後片づけ）と妻の経済力（鎌田とし子「社会構造の変動とジェンダー関係」鎌田とし子ほか編『講座社会学14　ジェンダー』東京大学出版会，1999年，31–74頁）

柏木　自分自身がどうあるべきかという価値観は、現実と一致することはもちろん、夫婦間で共有することが必要です。それから、対等性というのは何についての対等なのかという問題もあります。昔は夫と妻の間で、対等という観点はあり得なかったわけです。働いて稼げるのは男性だけだし、家のことがきちんとできるのは女性だけでしたから。男性／夫と女性／妻は違って当たり前、それぞれができることをおたがい精一杯することで不満がなかったんです。それが、女性も働けるようになったし、男性も機械や外部化に頼って家事をすることができるという意味で、同じになった時に、初めて対等であるかどうかが夫婦間のテーマになったと考えられます。先ほどの研究によれば、経済的な対等性が、夫婦関係の対等性の基盤になっているのではないかということです。また、夫が家事をどのくらいするかについても、妻の経済力に関係してくるというデータもあります（図3－5）。妻がどういう働き方をしているかとその収入によって、夫が家事をする割合が全く違って、フルタイム就業で妻のほうが収入が多

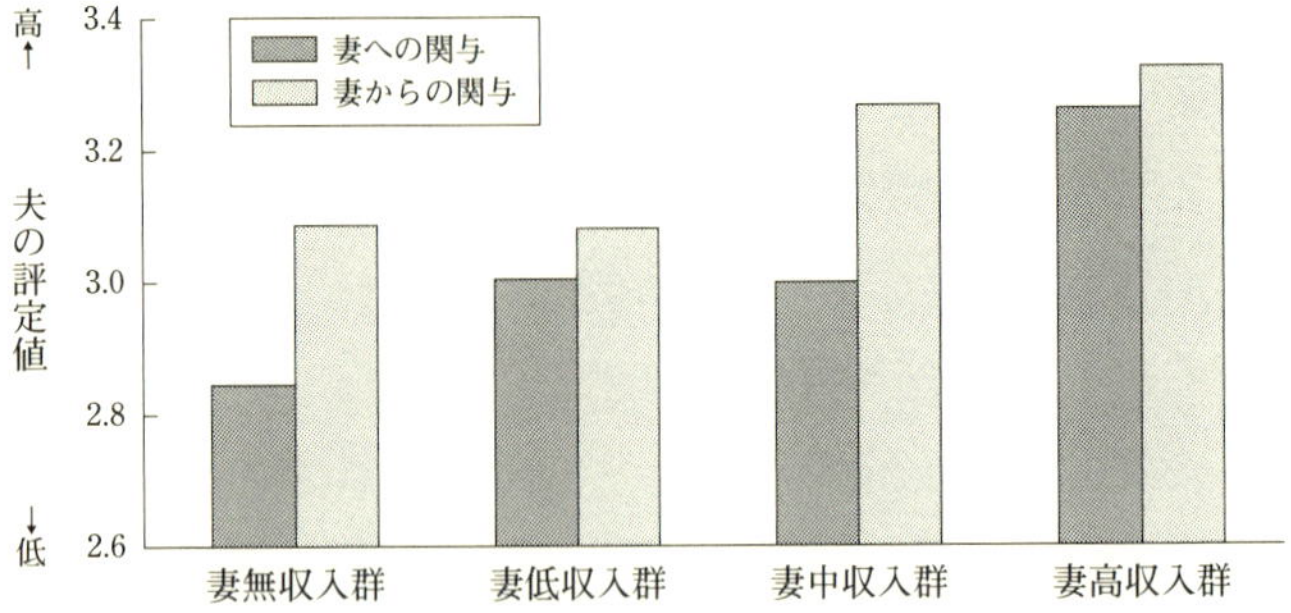

図3-6　妻の収入別の夫婦間関与（平山順子・柏木惠子「中年期夫婦の夫婦間関与」日本家族心理学会第19回大会発表，2002年）

い場合には、かなり平等になっています。経済力が夫婦関係の対等性の基盤だと言えるかもしれないし、道具的なサポートの対等性が夫婦関係にとって重要だとも言えるでしょう。

平木　経済力が対等であることは、夫婦間の対等性にどのようにかかわってくるのでしょうか。妻は、自分が稼いでいると思うと、自由に発言できるし、様々な劣等感を持たないですむ、ということのようにも思えるのですが……。

柏木　妻の経済力によって影響を受けるのは、妻自身よりもむしろ夫なんですよ、不思議なことに。たとえば夫とのコミュニケーションで、妻は自分が稼いでいるからといって高飛車になるわけではありません。変化するのは夫のほうで、経済力や社会的な地位や業績を持っている妻に一目置くことで対等な関係ができるという感じです（図3－6）。情緒的なサポートの対等性については、ケアするのは女性、受けるのは男性、というのが現実のケア構造において、下位にある側、つまり女性では不満が大きいのですが、これも多分、経済的なこととも関係してくるのではないでしょうか。

平木　つまり、夫は経済力を持っている妻に対しては頭が上がらない、大したものだと思っているということなのでしょうが、逆に言えば、経済力のない妻に対しては「俺が食わせてやっているのに……」となるし、情緒的なサポートがあっても価値を認めないのでしょうね。

柏木　だから「食わせてやっている」と、支配的な立場から平気で言えるのでしょう。そういう夫は、自分が経済的に相手に貢献しているから、その他のものは何でも受けとって当然、と思いがちかもしれませんね。夫からの情緒的なケアが少ないという不満は、専業主婦に大きいという研究（平山順子「中年期夫婦の情緒的関係」『家族心理学研究』第一六巻第二号、二〇〇二年、一—一二頁）があります。仕事を持っていれば、何らかの形で社会的に評価されたり、認められたりするチャンスがあるけれども、無職の専業主婦ではそういうチャンスがない上に、夫からも認められず情緒的なケアが少ないとなれば、その不満は余計大きくなるでしょう。

平木　夫は妻から情緒的なケアをしてもらっているけれども、自分が相手にケアすることについては関心がない。それがいかに意味があるかということに気づいていないので、妻の不満に理解がおよばないわけですね。夫の価値判断の基準はワークにあってライフにはないので、ギャップができる、と。

柏木　それが、中高年の離婚が多くは妻から提案されて、夫のほうは理由がわからず驚いたり怒ったりするというギャップにつながってくるわけでしょう。

平木　共働きが増えると変わっていくかもしれませんね。情緒的にケアしてくれない妻だと、夫が浮気するというケースも多いことですし。夫は妻が育児に専念するのも不満なのですから、仕事に専念されたら、ケアされない側の不満がやっとわかるかもしれません。

ライフを担わない男性

柏木　『家族の心はいま』で平木先生が挙げてくださったケースで、夫は立派なサラリーマンで、妻が家事・育児全部を担っているものがあったでしょう。その夫婦は、子どもに対する親としてのかかわりについておたがいが非常に批判的でした。性別役割分業しているということは、育児は妻にまかせているのだから、あまり不満はないはずなのに、どうしてでしょうか。

平木　理由の一つに、現代社会では育児も課題化しているということがあると思います。夫は、妻がその課題をきちんと達成していないと見ている可能性があります。相談に来る夫は、批判する前に、少し引け目を感じているようで、「育児はすべて妻にまかせてきたものですから」とか「よくわかりません」とか言いながら、その裏には「妻が子育てという課題をやってないのはけしからん」という本音が出てきます。自分は仕事をしているのだからと、妻の育児が課題なのです。

柏木　普通はまかせたら、その人の器量にまかせて批判もしないし、結果を受け容れるはずですが、やはり育児に関しては自分なりにこうすべきだとか、あるいはこういう子どもになってほしいということがあるわけでしょう。それをまかせているということに、そもそも構造的無理があると思います。つまり、育児に関しては、誰もがそれなりの夢なり考え方があって、それは夫と妻とで必ずしも一致していない可能性がありますね。そうした異なる価値観やストラテジーを持った複数の人とかかわることが、子どもにとっては意味があるのです。それなのに、妻の側は、まかせられると育児が生き甲斐や自分の課題になってしまって、失敗は許されないということになるから、世の中でいいと言われていることはみんなやってみようと、子どもを追い立ててしまったり……。

平木　最近、誰か一人で育てるよりも多くの人がかかわったほうがいいということが、やっとわかってきたのではないでしょうか。

柏木　育児もそうですが、家庭での役割を担わないことは、男性自身の発達にも偏りが起こるのではないかと思います。おとなになるということは自立することだとされ、自分のことは自分でする、自分の考え方を持つことが強調されてきました。それはもちろん大事ですが、他者を助ける、弱い者、子どもや病者を支える、ケアギビングの力や心を持つことも、おとなであることのもう一つの絶対条件だと思うのです。男性は、子どもの時から家事の手伝いをさせられることも少ないし、結婚した後は家事・育児といった他者を支え世話する役割は妻に全部まかせることになる。これでは、ケアギビングの心や力が育たない、育てるチャンスがないということが、とても大きい問題です。

平木　人間が生きる上で一番大切なケアの心や力を人にまかせてしまっているわけですから、大問題ですね。アメリカの家族療法家であるベティ・カーターは、自らケアできない人は自立していることにならないと言っていますが、このような状況が続く限り、日本の男性が自立しているとは言いがたいでしょうね。

柏木　人間は、一生の中で最初はケアを受けて育てられます。やがて一人でできるようになるとケアを受けることはなくなりますが、人生の最後はまた、時間や程度の差はあれ、ケアを受けることになりますね。このケアの授受の一生の中で、ケアされずにすむ時期は、子どもを育てるとか、親を看取るとか、誰かのケアをする役割を担うことになるはずなのに、男性はその役割を担わないばかりか、依然としてケアをしてもらって生きているわけです。そういう状態ですから、自分がなるとは思ってもいなかった介護者になってしまった時の男性の混乱とかたいへんさとかは、想像を絶します。しかし現実には、少子高齢化の流れの中でそういう羽目に陥る男性が増えてきて、ケアが女性だけで担われている現状の問題がやっと注目されてきましたね。男性が家庭の役割・ケア役割を担わないことの問題性については、現代の少子高齢化社会の中で、人間の発達をケアギビングという視点から考え直す必要があると思います。

平木　ワーク・ライフ・ケア・バランスと言っている人がいましたが、ケアと情緒的サポートと親密さはつながっていますね。男性は情緒的サポートを恋愛中だけはするのかしら。

柏木　「釣った魚に餌はやらない」ということ⁉　本来は、情緒的サポートを含むケアをし合う中で親密性が形成され、増していくはずだし、親密性がベースになってケアギビングが可能になるんですが……。ケアを受けることはもちろんいいですが、他方で自分はケアするという立場を取らない、というのはおとなとしてあり得ないことですよね。

ライフを課題化しないために

柏木　キャリア発達について、先ほど女性が多様な生き方を主体的に選んでいると言いましたが、実は必ずしも主体的とは言えないのです。そこには、二つ問題があると思います。一つは、家事・育児は女性の役割だと全く疑うことなく引き受けてしまっていること。この大前提を疑ってもいいのではないかということです。先ほど述べたケアギビングの能力ともかかわりますが、自立した人は男性であれ女性であれ、家庭の役割を担う立場にいるはずなんです。女性は生き方を柔軟に選んでいるとは言うけれども、結婚や出産に当たって、「母の手で」や「家事・育児や介護は女性が担うべき」といった伝統的な性別役割分業の考え方によって、自分の生き方を曲げさせられたことがあると答えた女性がたいへん多いのです（柏木惠子研究代表「育児期女性の就労中断に関する研究」『埼玉県男女共同参画推進センター共同研究報告書』二〇〇三年）。

平木　仕事をし続けたかったけれども、やめざるを得なかった、と。

柏木　この事実は、大きな問題だと思います。自分はどういうふうに生きるかという価値観を問い直す、そしてそれと現実とをなるべくすり合わせるような作業が必要でしょう。未だにこういう困難に遭っている女性が多いことを他山の石とすべきです。最近、女性の能力開発とか、女性が働きやすい職場づくりとかを企業が考えようという動きがやっと出てきていますが、それも女性が家事・育児を担うということを大前提にした政策なわけです。男性は長時間働くけれども、仕事と家事・育児を両立させる女性は早く帰ってもいい、つまり周辺労働者でいいのだというのでは、問題です。男性であれ女性であれ、「人間」にとってやさしい働き方、ライフを大切にできる時間的・精神的なゆとりが保障されることが必要なのに。

平木　「女性はやさしい」ということ自体が、無意識のジェンダー差別ですね。

柏木　そう、「やさしさ」は男女にかかわらず必要で大切なことですね。それを行政に考えてもらいたいんです。女性は働くとしても家庭に差しつかえない程度でいいという意識は、男性には人間らしい働き方を考えられないという問題にもつながっていると思います。

平木　最近では大きな企業や公的な機関では、育児休業が条件によっては二年近く取れるところもあって、利用している女性も多いのですが、そういう施策が素晴らしいと扱われることの矛盾も感じます。私は、それなら一年交代で夫も取るようにすればいいのではないかと思います。そんなことを言うと、あなたは女性にやさしくないと言われてしまうかもしれませんが、二年間もブランクがあったら、その間に仕事の世界で追いついていけなくなるかもしれません。そこにもジェンダー差別を感じます。必ずしも、女性にやさしい職場がいいとは限らないですね。女性をあまり当てにしていないということの裏返しかもしれません。

柏木　仕事の上でのギャップができないか、技能も知識も遅れが取り返せないものにならないか、と思います。子どもにとっても、母親がいつもベッタリ一緒にいることが当たり前のような環境をつくってしまうことがいいかどうか……。場合によっては、二人続けて産んで、五年近く全く出てこないとなると、職業人としての資質・力・モチベーションは下がってしまいますね。それでは周りからも当てにされないことになることをどう考えるかですね。職業人としての責任を持ち、仕事にコミットしていれば、続けていきたいという気持ちが強くなると思いますが……。私は、子どもをお腹の中で育てて産むところまでは女性しかできないのだから、後はバトンタッチする、母親だけでなく父親を含めて複数の手で育てることが理想的だと思います。いまは粉ミルクもあって、子育ては男性でもできるし、そのほうが両親が子どもの育ちにかかわることになっていいな、と。自分の手で育てたいという気持ちもわからなくはないですが、自分が一番というのは思い上がりですよ。他者への信頼の気持ちが欠けています。人は性別や血縁によらず、子どもを愛し育む心と力を持った動物なのですから。

平木　それと関連して、ライフとは誰のものかというのも問い直される必要があると思います。ワーク・ライフ・バランスというのは本来、あってしかるべきことを改めて言っているわけですから。

柏木　家事もそうだし、育児だって女性の専売特許かということがもっと問われるべきですね。家事と日常生活を、他国も視野に入れて多角的に検討した研究（品田知美『家事と家族の日常生活』学文社、二〇〇七年）によると、家電製品が入ってきた時に、日本では主婦が家事の省力化を味わっただけで、他の家族のメンバーに家事が広がらなかった。ところが、欧米では家電製品は説明通りにやれば誰がやっても同じということが注目されて、子どもと男性に家事が広がったそうなんです。日本では子ども、とりわけ男の子の手伝いが少なくて、ケアギビングの能力を育てられなくしてしまっていますが、こういう状況が続く限り、男性は仕事一筋、女性は仕事をしてもいいけど家事も育児も、という、新・性別役割分業がずっと温存されるだろうと、悲観的になります。男の子だからいい学校、いい会社にということではなく、それぞれの子どもの力や特徴を大事にして、自分で生きる力と他者をケアする力をつけさせる教育を、どれだけ日本の親たちができるかにかかっていると思いますが。

平木　私はワーク・ライフ・バランスということを、時間とか何をするかということだけではなく、質の観点から考える必要があると思います。母親が育児を自分の課題にしていると、もっぱら子どもが課題を達成できるようにという方向に教育しようとします。そちらに集中させるためにとライフにかかわる部分は母親がすべてやってしまうので、いまや女性も家事や情緒的なケアができなくなっていて、日本全体でライフの部分が減っています。

柏木　だから、生活時間調査でも日本はライフ、つまり家事・育児の時間が一番少ないんですね。とりわけ、母親だけが育児の責任を負うと、そこで成果を上げるしかなくなる。そして、その成果というのは、子どもが世間並みということになるので、課題達成の悪循環は続いていくわけです。母親自身が達成すべき自分の課題を持たないことのひずみが子どもに行ってしまうわけです。

平木　母親の課題としては、先ほども話に出ましたが、経済力を持つことが大切ですね。

柏木　仕事を持っていれば、子どもとは別に母親自身の課題というものがあるから、子どものことだけにそうのめり込むことはないでしょう。そういう点でも、性別役割分業はいろいろな問題をはらみやすいと思います。男性が父親としてどう生きるかということを調べた研究（大野祥子「育児期男性の生活スタイルの多様性」『家族心理学研究』第二二巻第二号、二〇〇八年、一〇七―一一八頁）によれば、仕事一筋の人と、仕事と家事・育児の両方にエネルギー配分している人と、仕事と個人的な趣味に比重を置いている人と、最近ようやく男性にもかなりバラエティが出てきています。仕事一筋の人よりも、仕事以外の趣味や家庭の役割に関心を持っている人のほうが、主観的幸福感が高いことがわかってきていますが、そういう男性の生き方によって、夫婦関係が変わるということも考えられますね。

4章　少子化社会の親子育ち

つくられる子どもたち

柏木　今日、子どもの命のあり方、親にとっての子どもの意味は、かつてとは決定的に変わったし、今後もそれは元に戻ることはありません。最近調べていて驚いたのですが、画家のゴヤの妻は二〇人子どもを産んだそうです。でも一人しか育たなかった。またやはり画家のデューラーの母親は一八人産んで、残ったのは三人。一八世紀の女性たちは、人生の大半を産み続けているわけです。デューラーの父親は、妻は私のために第何子を何時何分に産んだ、誰によって名づけた、と一八人分、淡々と出生記録をつけています（アルブレヒト・デューラー、前川誠郎訳『自伝と書簡』岩波書店、二〇〇九年）。ところが、その子どもが死んだことについての記録は全くないのです。

平木　死んでもあまり驚かなかったということですか。

柏木　そう思います。それから、あまり嘆き悲しんではいけないという考え方があったらしいのです。音楽家バッハの妻アンナ・マグダレーナ（山下肇訳『バッハの思い出』講談社、一九九七年）は、子どもの死を嘆き悲しむことは神の意思に逆らうことだといったことを記しています。そうした昔を考えると、今日は子どもを「つくらない」という選択もある中で、しかし「つくった」からには、と、子どもに対する非常に思い入れが強くなって、子どものためには何をしてもよいという気持ちがいまの親たちのベースにあることは、認識しておかなければならないでしょうね。これも広い意味での豊かさの結果です。医学が進歩して乳幼児の死亡率が低下し、それが出生率の低下につながります。つまり、親に「産めば必ず育つ」という確信を持たせた結果、子どもが少なくても大丈夫だからと避妊が公然のものとなったわけで、医学の進歩が子どもに対する意識を変えてしまったということは、恐ろしいですね。

平木　テレビ番組で、出産直後の子どもの死亡率が非常に高いアフリカのある地域で、子どもが死産だったのだけれども、母親が生き残ったので周囲がすごく喜んでいるというかホッとしている、という場面があったのを思い出しました。途上国では、母親も出産の時に亡くなる率が高いわけですが、それにもかかわらず、その母親は、六番目の子どもを産もうとしていたんですよ。

柏木　産まれるだけ産むのが当たり前だし、運命だと思って受け容れているのでしょうね。日本の親たちは子どもにできるだけのことをしてやるのが愛情だと信じ込んでいる。けれども、少ない子どもに、お金も関心も手も全て行き届き過ぎるほど、ふり注いでしまっているのが現状です。

生殖補助医療の進歩の影で

柏木　いまは、図4－1のように、子どもを「つくる」（つくらない）に至るまでに、本当にいろいろな選択肢があります。さらに、いざ「つくる」となっても、晩婚化の影響で不妊率が高くなっていることもあって、妊娠しないことも多いのですが、その場合に、不妊治療、生殖補助医療と進むのか、進むとすればどのような形を選ぶのか、延々と選択肢が続いていくような状況です（表4－1）。その選択の過程でいろいろな問題がカウンセリングにも持ち込まれてくると思うのですが、いかがですか。

平木　生殖医療心理カウンセラーが養成されていて、子どもができないという悩みをはじめ、様々な問題に対応しています。ただし、根本的な問題は、何度治療を受けても、年齢とも関係するのですが、成功率が非常に低いということです。不妊の原因は、女性側にある場合が三分の一、男性側にある場合が三分の一、双方にあるのが三分の一なのですが、その結果は原因によらず、女性が妊娠するか否かというかたちで表に出てくるので、女性にとってはすごいストレスになるわけです。そうして、いつ成功するともしれない治療を、何年にもわたって続けて、何度もがっかりするという体験を繰り返している人たちに対して、カウンセリングを繰り返します。そこには、あきらめを促す告知の問題も絡んでくるので、生殖医療心理カウンセリングはたいへん難しいのです。医療の側は、個々の夫婦の事情には深く立ち入らずに、産みたいと求めてくる人に対しては、積極的に治療に当たりがちですが、カウンセラーは家族の事情のほうをサポートしていかなければなりません。特に、学会の発表などで最近増えている問題として、産むことが目的になってしまって、育てるところまでいかない夫婦がいる、ということが指摘されています。

柏木　産める性であって、産める力があるということを証明したい、ということですね。私たちの調査（柏木惠子・永久ひさ子「女性における子どもの価値」『教育心理学研究』第四七巻第二号、一九九九年、一七〇―一七九頁）でも、「産む理由」として、「女性として妊娠・出産を体験したかった」というのが結構多く挙げられていました。これは、かつてなかった欲望でしょう。体験欲というか、この場合、子どもがほしいだけで子どもを育てたいというわけではなかったりすると、子どもにとってはまさに迷惑ですよね。「子どもを育てたい」ではないことが、のちのち問題になってくる……。

平木　妊娠すれば周りはみんな大喜びしますから、その場では育児が大きな問題にならないのかもしれません。妊娠した人は産婦人科に行ってしまうので、カウンセラーがフォローできないのです。

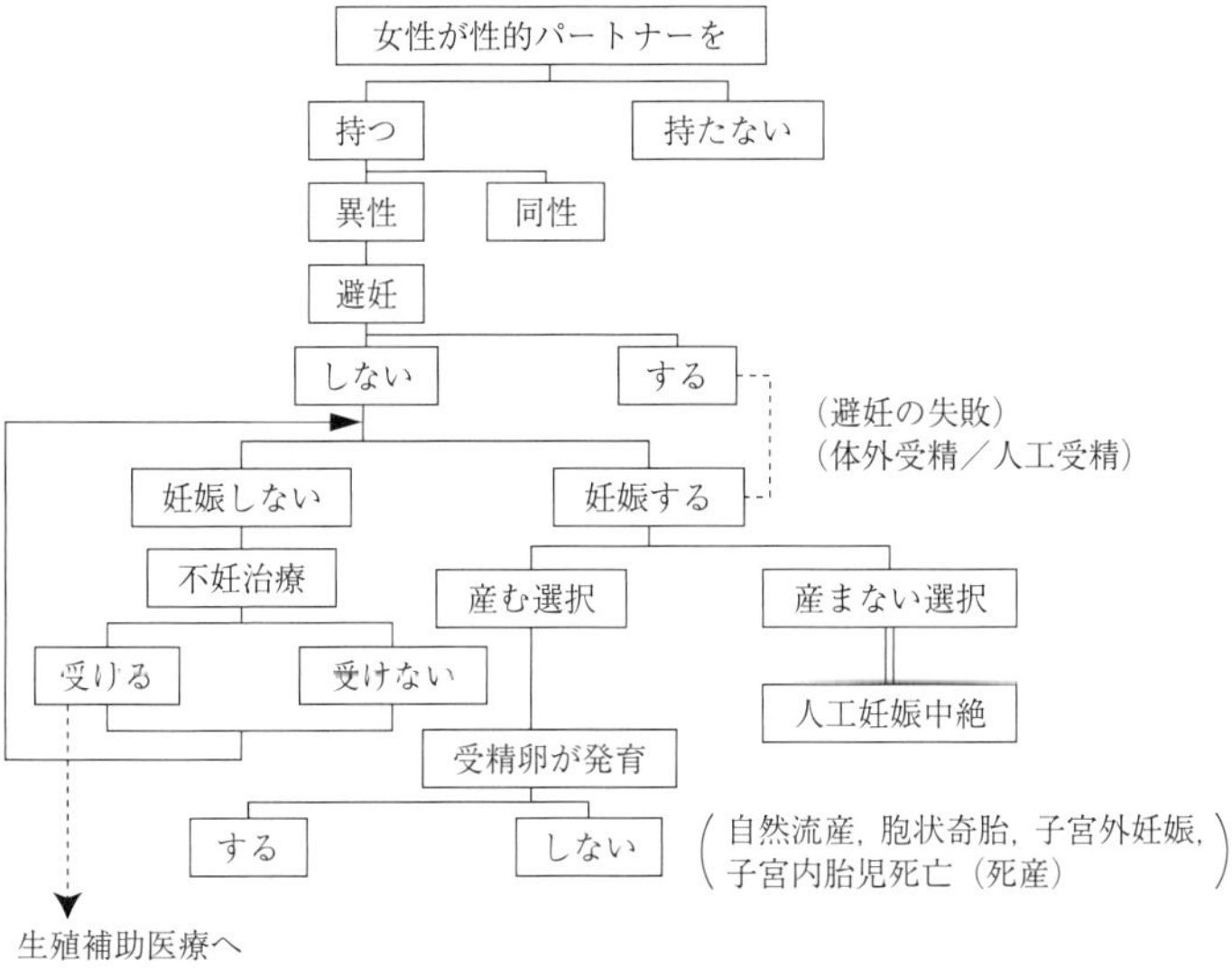

図4－1　子どもを持つか否かを決めるまでの選択肢（丸本百合子・山本勝美『産む／産まないを悩むとき』岩波書店，1997年を改変）

表4－1　生殖補助医療――精子・卵子・胚移植による分類（平木作成）

実施類型等	精子	卵子	子宮
配偶者間人工授精・体外受精・胚移植	夫	妻	妻
非配偶者間人工授精・体外受精・胚移植	提供者	妻	妻
提供胚＝受精卵の移植	夫	提供者	妻
	提供者	提供者	妻
借り腹①	夫	妻	代理母
借り腹②	夫	提供者	代理母
借り腹③	提供者	妻	代理母
借り腹④（生殖補助医療と言えるか疑問）	提供者	提供者	代理母

柏木　それはとても残念ですね。夫婦ともども時間もお金も体力も注ぎ込んで、生殖補助医療の結果生まれた子どもたちが、どのような養育を受けていくのか。日本ではそういう研究がまだ進んでいないのですが、ものすごい期待と投資の下に生まれてくる子どもが、果たして幸せなのか、どんな養育を受けているかがとても気になります。人工授精で精子提供を受けるような場合、アメリカなどでは提供者のＩＱや性格検査の結果から、それこそホクロの数までわかるようになっていて、何だかオーダーメイドで子どもをつくり上げるようなところがあるのは、非常に問題だと思います。

平木　どうせ精子や卵子の提供を受けるなら、少しでもよいものを選びたいという心理が働いているのでしょうが、不妊の背景として、晩婚化が進む一方で、女性が卵子の老化について知らないというような問題もあります。

柏木　一方で、不妊治療を受ければ何とかなるはずだというような、科学への過信があるでしょう。そのしわ寄せが子どもに行ってしまうのはやりきれないです。ある程度、キャリアも積んで、プライベートも充実させて、と子どものことは二の次にしているけれども、人間も生物なのですから。

平木　不妊治療や生殖補助医療というのは、成功率が非常に低いにもかかわらず、いよいよダメだとなった時に、先が真っ暗になってしまうことも問題です。医療が進歩する一方で、そちらまかせできちんとした知識が普及していないことも問題として見えてきました。また、カウンセラーの数も現状では全然足りていません。

柏木　女性たちがキャリアを優先したり、子どもを持つことをためらったりしてしまう、その背景には、日本の働き方、社会の問題も大きいですよね。ワーク・ライフ・バランスがここにも関連しているんです。

増えるできちゃった婚

柏木　子どもを「つくる」ことに一生懸命な例を見てきたわけですが、「できちゃった婚」についてはどのようにお考えですか。それこそ、キャリア・プランニングをほとんどせずに結婚してしまっているわけですから、問題が起きてくると思うのですが。

平木　その可能性は非常に高いですね。また、不用意なものも多くありますが、できちゃった婚の中には、子どもが生まれれば結婚してくれるのでは、という打算によるものもあります。

柏木　その場合、子どもは手段ですね。子どもがほしいと思っているのならまだしも、相手がなかなか煮え切らないからとか、場合によっては親が認めてくれないから、子どもをつくってしまえば何とかなる、という……。やはり話し合いがなされていないわけですから、キャリア・プランニングがなし崩し的になってしまいますね。

平木　そこで、親を巻き込んで、育児を手伝ってもらいながらやっていくとか、いろいろなことをその場その場で、場当たり的にやらざるを得なくなっていきます。

柏木　これでは、子どもへの愛情や育児がうまくいかないでしょう。それでもできちゃった婚は、どんどん増えていっていますね。なぜでしょうか。

平木　育児がキャリア・プランニングの中に入っていないということでしょう。育児をたいへんだと思っている人と、たいしたことないと思っている人の二極分化が起こっているようです。

柏木　たいへんだと思っていると、どんどん先延ばしにしてしまうことになるし、たいしたことないと思っていると、結婚したんだからと安易に子どもを産んで初めて、たいへんだとわかることになりますね。そのあげく、育児不安に陥ることになる……。

平木　どちらもキャリアの中での結婚と育児の位置づけが見えていないのでしょう。育児はたいへんだから、先延ばしして三〇歳過ぎから準備を始めれば大丈夫と、のんびり構えている人たちは、子どもが授からないと突然慌ててしまいます。授かるかどうかはわからないわけだし、授からない場合のことも考えておく必要があり、その時その時にいろいろな選択肢が出てきます。生殖補助医療が発展した結果、何が何でも産むという方向に行ってしまいがちで、結局は産めない人もいて、思い通りには行かないのですが、何でも可能な社会になってしまったせいもあり、リスク管理まで思いが及んでいないようです。キャリア・プランニングというのは、いつもプラスとマイナスをどのように選択していくかということなのですが……。

親のよかれが子どものストレス

平木　カウンセリングにくる親子では、よかれと思ってしている親のケアやエネルギーの過剰な注ぎ方が、子どもにとってたいへんな重荷になっていることが多いです。そのせいで親子関係が途切れてしまう、これ以上親子でいられないからと、子どもが家を出て行ったりしています。

柏木　親の側から考えれば、親の愛情であって善意と言えるのですが、そこで欠けているのは、子どもにとってどうかという視点や、その子どもがどういう特徴を持ち、何に関心を持っているかといったことへの省察や理解ですよね。先ほどふれたように、子どもをつくったからには、持ち物のように、自分の思うように仕立てようという考えがあるのでは、と思います。

平木　母親や父親は、子どものためにたくさんいろいろなことをさせてあげるチャンスやお金を注げばよいと思っているようですが、子どもの能力がどうかとか子どもがどこに関心があるかということとかなりズレています。たとえば、父親が口下手で、一人でパソコンをいじったり作業したりするのが得意で、息子も父親にそっくりだとします。それを見て母親は、父親みたいになっては困るから、なるべく大勢の人の中に入れて交流できるようにしようと、本人は一人でパソコンをいじったり本を読んだりしているのが好きなのに、わざわざサッカーチームに入れてしまうのです。あるいは、子どもが音楽が好きだと言うと、ついでに人と交流してほしいからと合唱団に入れます。いずれも、本人には合わないため子どもの特徴を生かせない。そういう善意のズレがたくさんあります。

柏木　年齢にもよると思いますが、子どもはノーと言えないのですか。

平木　小学生までは言えないですね。好き嫌いでものを決めてはいけないと言われますし、おまけにノーを言うだけの材料を子どもは持っていませんので。

柏木　なるほど。「いまのあなたはわからないだろうけれども、そのうちわかるから」「よかれと思って」と親に言われると、子どもは拒否できないわけですね。

平木　拒否できないまま、必死にがんばります。中学生になってようやく、たとえば不登校になった時に、その理由についていろいろ考えるうちに、先ほどのような話が出てきたりします。

柏木　それは子どもの側から出てくるのですか。

平木　本人はそれが不登校の理由だとは思っていないし、理由かどうかもちろんわからないのですが、何が苦しいか、何に困っているかと聞くと、ピアノをやめたいという話が出てくるのです。

柏木　大学の附属の幼稚園や有名小学校に入れたい、というお受験熱などを見ていると、子どものためと言いながら、実は親が早く決めてしまって安心したいという側面がとても大きいような気がするのですが、いかがでしょうか。

平木　子どもに苦労させたくないというのもあるのでしょうが、それも偏った考え方ですね。

柏木　中高一貫の進学校に入れて、それが子どもに合えばよいですが、周りができる子ばかりでコンプレックスになったりすることもあるでしょうし。偏差値の高い学校に入れることが、即よい教育という幻想がありますよね。

平木　カウンセリングでは、附属からストレートで大学まで行ったけれども、ともかくつらかった、校風に合わなかった、という経験談も聞きます。

柏木　小学生くらいで子ども自身の選択はまだあり得ない時に、親が子どもの人格を無視してレールを敷いてしまう権利があるのか、疑問です。

モンスター・ペアレンツはなぜ生まれたか

柏木　また、養育期の親の問題として近年話題なのが、モンスター・ペアレンツですが、これが生まれた背景にも同様に、子どもが「つくる」ものになったことがあると思います。その結果、子どもは私物化され、親の占有物のようになってしまった。そこで親は、自分が子どもを思い通りにするだけではなく、教師や学校に対してもやり方が違うともの申すというふうになっていくわけでしょう。少子化と言われますが、実は、冒頭で述べたように、子どもの命に対する認識が変わったことが重要です。「産めば育つ」という認識が、少なく産んでよく育てるという方向を助長しました。「子どもは二人」というのがこれほど急激に普及した国は他にないのです。この「よく育てる」というのが問題で、過剰な介入になったり、方法が誤っていたりするのが、先ほど述べた「親のよかれ」や、モンスター・ペアレンツだと思いますが、後で、具体的な臨床ケースを、背景を含めて平木先生からご紹介いただきたいです。

平木　経済的にも能力的にも、恵まれた人が社会で欲求を充足しやすい地位に上がっていく流れも、モンスター・ペアレンツの背景にある気がしますね。恵まれた人がモンスター・ペアレンツになっていくわけです。私の思い通りに、また、私と家族さえよければそれでよい、他の人はどうでもよいとなっていくのではないでしょうか。子どもは社会のものとは思いもよらないのでしょう。

柏木　モンスター・ペアレンツで問題になっているのは、大部分が教師に対する攻撃ですが、他の子どもの親などの他人が子どもに注意したりした場合にも、「余計なことを言うな」と言わんばかりの反応が多いのです。これには、親に、多様な人の中で子どもが育つのだという思いや、ゆとりがないからでしょう。自分の「よかれ」と思うただ一つの線で進めるべきと思い込んでいて、自分とは違う意見や違う人からの働きかけの重要さを考えてないことも大きな問題ですね。

平木　私が子どもを守らないとまずいことが起きる、と思っているようですね。

柏木　他者への信頼感がないとも言えるでしょうね。人類の育児は、共同・複数養育が基本であり、必要です。他の動物とくらべて長期にわたる人間の育児では、多様な養育課題をこなすには、母親だけでは不可能。父親はもちろん、血縁のない人（親以外の人）による養育、すなわちアロ・マザリング、アロ・ペアレンティングが、絶対必要なのです。そして、女性でも男性でも、血縁のない人でも、子どもを育てる心と力を備えているのが人類です。このアロ・マザリング、アロ・ペアレンティングという視点が欠けていて、自分が一番だ、自分がしっかりやればそれでいいと。自分の子どもを他人がうまく育ててくれるか不安だから保育園に預けないとか……。他者への信頼感をどう回復していくかはとても大きな課題ですね。

平木　子どもを預けて仕事に復帰した時はすごく心配だったけれども、保育園で自分は全然気づかなかった子どもの足の異常を指摘されて、脱臼していたことがわかり、人に預けることの大切さを知ったという例もありました。子育ては自分だけでできるものではないということは、様々な経験からわかっていくことでもありますが……。

柏木　保育園や幼稚園の先生も他の親も、子どもを自分とは違う目で見てくれるのですよね。子どものよさも問題も。そういうことで子どもの育ちが支えられたり、よい意味で修正されたりするのです。それが育児は母親だけ、となったら、視野がとても狭くなってしまいます。子どもへのかかわりも乏しいものになってしまいます。

平木　モンスター・ペアレンツは、自分の意に添わないことには、「誰それの言うことはきくな」「あの子は○○だから遊んじゃダメ」などと、他者との接触を禁じたりします。これは他者への信頼感のなさからも来ていますが、うちの子にたいへんなことを体験させたくないということもあります。たしかに、保育園に預けている間に子どもが亡くなってしまうような事件もありますが、自分がついていても同じことは起こり得るのに、自分なら完璧にできると思っているようです。ケースの中には、子どもが疲れて学校で居眠りしたり何もできなくなったりしているのに、うちの子はピアノが弾ければいいと習い事を押しつける、という親がいます。親は、偉大なピアニストになるには勉強などできなくてもよいと思っているのかもしれませんが、ピアニストになれる保証はないし、ますます必死になってしまうのでしょう。

柏木　子どもの人生を親が決めるなんて、越権ですよね。子どもには発達権があって、子どもは小さくても、子どもなりの志やら願いというものがあるのに、それを踏みにじって親がよかれと思うことを押しつける。それは、愛情という名の暴力だと思います。

孤立化する母親たち

柏木　こうした愛情という名の暴力の背景にあるのは、母親に育児の責任が集中したということ。これが一番大きいと思います。言い換えると、子どもの誕生によって、夫は仕事、妻は育児と性別役割分業が確立し、専業主婦に限らず育児の責任は母親が担うようになっているのです（柏木惠子『父親になる、父親をする』岩波書店、二〇一一年）。子どもの養育の成功イコール母親としての成功になった。母親が子どもにものすごくコミットするのは、自分一人で育児の責任を負っているから、失敗は許されないと、よいと思われること、言われたことをみんなする、という方向になりがちなのでしょうね。それで安心かというと、底知れない不安や焦り、不満に苦しんでいるのです。小説『マザーズ』（金原ひとみ、新潮社、二〇一一年）は、こうした母親の壮絶な苦悩を赤裸々に描いています。

平木　育児の責任を持たされている母親がそういう方向に行きがちですね。

柏木　母親自身に育児以外の何か、達成課題や興味関心があれば、自分は自分、子どもは子どもと考えられるかもしれない。けれども、自分一人が育児だけを担うようになってしまうと、そうできなくなり、子どもだけにかかわる悲劇に陥りやすいのではないでしょうか。

平木　そういうこともあるでしょうね。

柏木　仕事を持っている母親は、子どもに疎まれるほど手をかけていられないというのもあると思いますが、周りを見回しても子どもとの関係は概してうまくいっているように思います。子どもというものは、もちろん教えなければいけない、育てなければいけないけれども、ある程度大きくなってきたら、教え過ぎ、やり過ぎると、自分で育つ——自分で試行錯誤して発見したり力をつけたりしていく——余地がなくなってしまいます。

平木　先取りして、用心してばかりだとひ弱に育ちますね。仕事を持っている母親がうまくやれるのは、子どもの数が多かった時は手が回らなかったけれどもうまくいっていたというのと、共通点があるように思います。性別役割分業が確立して、母親が育児に専念することによって責任が重くなったということ以前に、外で仕事ができないために育児が課題化してしまい、課題達成の志向性が、子どもが「よくできる」ことに注がれるようになったのではないでしょうか。つまり、成績がよいとか、ピアノが弾けるとか、技術を身につけて成果を示すとか、そういうことに母親の関心が行ってしまって、すくすくと健康に育っているということだけでは満足できなくなったのでしょう。人間には、何か技術的なものや能力的なものを達成したいという欲求と、楽しく幸せに生きたいという欲求との両方がありますので、前者を無視してよいというわけではないですが、特に、産業化された社会の中で、何か素晴らしい、賞賛を得られるようなことをしなければ育ったことにならないというような風潮になってきたのは、困ったことだと思います。

柏木 私も同じことを考えていました。家電製品が入ってきたし、子どもは少なくなったのですから、家事・育児にかかる時間は減って、その分、外で働くという選択肢はあったわけです。欧米では家電製品が導入されると、誰がやっても同じようにできることが認識され、男性と子どもが家事に参入しましたが、日本ではそうならなかった理由の一つは、やはり「母の手で」というイデオロギーでしょう。もう一つは、すさまじい日本人の働き方を考えると、家事・育児と両立できない、女性が余った時間を有効に使うというかたちの働き方にはなり得なかったということが、大きいと思います。そこで、育児にのめり込んでいくわけです。課題の達成や自分の力が発揮できることに、喜びはたしかにあるし、それは必要ですが、それが子どもによる達成になっていることに問題があります。子どもにはもちろん達成しなければならないことはありますが、それは子どもが自分で育つことにまかせて、母親自身の達成は別なかたちで見つけていかないと……。

平木 子どもがつまずいて、不登校になったり調子が悪くなったりして初めて、あわてて相談に来ることになります。母親は育児を一人で頑張ってきているので、責任が全部わが身に返ってきてしまいます。自分が背負ってきた分、父親はじめ他者から責められるような状況になって、そこで落ち込む人と、自分のやり方は間違っていなかったとたしかめたがる人とに分かれます。

柏木　困った時には、挫折感や、自分のやってきたことに対する疑問は持つようになるわけで、最終的には間違っていたと認めざるを得ないわけでしょう。その後、母親がどう変わるかですよね。

平木　カウンセリングが進めば母親も変わってきますが、その前に、かなり多くの母親が父親を責めます。多くの場合、母親は、いくら頼んでも誰もやってくれないから私がやるしかなかった、父親は育児をしないですべてを自分一人にまかせた、こうならざるを得なかった、自分だけの責任ではない、と。一方、父親は父親で、仕事が忙しかった、母親のほうが十分に時間があるはずだから、育児は母親の責任だ、とけんかになります。父親は育児を二人でするものとは思っていませんから、この攻防は、結構、たいへんなのです。

柏木　私の調査（柏木惠子研究代表「育児期女性の就労中断に関する研究」『埼玉県男女共同参画センター共同研究報告書』二〇〇三年）では、子どもができると母親がなぜ仕事をやめるかというと、自分は続けたかったけれども、父親に子育ては母親がよい、「母の手で」と反対されて、仕方なく退職、というケースが少なからずありました。先ほども性別役割分業の話が出ましたが、男性は仕事だけやって稼いでくればよい、育児は女性にまかせたぞという考え自体がそもそも間違いなのです。子どもがもっと伸びやかに育つためには、父親の育児が必要です。それなのに、社会が父親を無視して、仕事と家庭の両立を保障するターゲットは母親だけというのでは、問題です。

平木　日本の社会の女性観の問題が、はっきり出ていますね。

柏木　母親はそれに応えるべく、一生懸命になってしまうのです。その結果、子どもがどうなるかということですが、かなり以前に、日英マレーシアの共同研究（柏木惠子「認知及び情意面における受験的圧力の影響に関する心理学的研究」『教育心理学年報』第二四巻、一九八五年、一五七―一五八頁）で、中学生と高校生の学習動機づけを調べたことがあります。その結果、勉強する目的や動機は、知識を得たいとか新しいことを知りたいとかいうものよりも、よい学校に入りたいとか試験に合格したいとか、よい就職につながるといった手段的なもののほうが強いのです。これは先進国で共通でしたが、対人志向的なものについては、日本独自の特徴が出てきました。他の国では、認められたい、ほめられたい相手には、友だちや先生が挙げられる一方で、日本では母親が挙げられたのです。「お母さんが喜ぶから」「お母さんにしかられないように」など、親の圧力をたいへん気にしているのです。そして、親の圧力を気にし、親のために勉強する子どもほど、自尊感情が低いこともわかりました。親が子どもの勉強や成績に一生懸命になるほど、子どもは親の叱責やプレッシャーから逃れるためだけの勉強になってしまう。自分自身の好奇心や達成感で学ぶことはしないわけです。日本の子どもは自尊感情が低いと言われます。その背景はいろいろですが、ある程度自由があって、自分で試行錯誤して成功するほうが、一方的に教え込まれるよりも達成感や自尊感情を持てるのではないでしょうか。

平木　子どもは、自分がやりたいことがやれたから喜ぶのではなくて、母親が喜んでくれるからとか認めてくれるから喜ぶということになっている。それは存在そのものが認められているというメッセージにならないからかもしれません。常に業績だけで認められ始めると、業績を上げないと認められないことになって、子どもは存在の受容、愛されていることを感じられなくなっていきます。

柏木　子どもがすくすく楽しげに育っているということだけでは、親は満足しなくなってしまったのですね。世間的なものさしが、よい学校に入ったとか成績がトップだとか、そういうことだけで測るものになってしまうと、その子どもを本当に認めてはいないということになりますね。

平木　地獄ですよね、ものさしにのれない子どもにとっては。ありのままのあなたでいてよい、というメッセージは伝わらないわけですから。

柏木　さりとて、よくできる子どもに対しても、それで満足せず、もっと！　となるでしょう。習い事を七つもさせるとか、いかに親の願いと子どもの願いがズレているかということですよね。母親がピアノを弾くことが大事だと思うなら、自分で始めたらよいと思うのですが……。自分がやりたいことを子どもに託すのは迷惑。自分で夢を追求すればよいわけで、母親ではあるけれども、一人の人間として生きればよいと思います。

育児休業を取る父親たち

柏木　子育て支援の問題と関連しますが、育児休業を取った父親の研究を指導したことがあるのです。その時、父親たちが口々に言うのが、支援施設というところは、連れて行くのは母親、スタッフも女性が多くて、父親はとても入りにくいということでした。スタッフにもう少し男性が増えるといいと思うのですが……。保育園には男性保育者は少しずつ増えているようですが、子育て支援施設は、スタッフもボランティアも女性が断然多いのです。

平木　保育園の講演会などでも、目の前に座っているのに、「お母さんたちは」と話しかけられ、やりきれないと言っていた父親がいました。

柏木　育児に男性がかかわるということを、もう少し意識する必要があります。最近は「イクメン」

などと言って、子どもの世話をよくする父親も増えているようです。でも子どもがぐずりだしたり、オシッコでなくウンチだったりすると、父親は母親にまかせてしまいます。そして母親の側もそれを引き受けてしまいがちなのは残念です。もう少し頑張れば、どうすればなだめられるかとか、手際よくオムツを替えられるかなどがわかって、うまく子どもとつき合えるようになるのに——。

平木　研究からも臨床からも、父親は育児のいいとこ取りで、嫌なところは全部母親が引き受けている、という状況がわかってきています。ただ、押しつけている父親も、引き受けている母親も、そういうことは女性のほうが上手だとも思っているようです。

柏木　本当は慣れに過ぎない、慣れているからうまくなった、学習の結果なのですが。

平木　その上、母親ばかりが育児休業を取る、といういまのシステムを続けている限り、女性はプロの仕事から外れることになります。早く仕事を降りて二次的な労働者でいればよいと言われているようなものですが、そこに気がついてない人も多いですね。

柏木　子育て支援の結果も、女性の側ばかりを意識したものになっていますよね。女性だけに育児のための労働時間短縮というのでは、結局労働者として女性は当てにできないというふうに意識されてしまいます。幼い子どもを持つ親は、男女を問わず残業禁止というふうにしないと。気兼ねせずに育児休業を取って、カバーし合うのはおたがいさまと思えるように。これには働くことも権利ですが、家事・育児を担うこと、家族との生活も男女双方の権利なのだという意識が根づくことが大切です。

平木　そうですね。子育てはみんなでという方向に、今後進んでいくのでしょうか。

子育ての社会化を

柏木　育児は母親だけが頑張ってもダメ。父親もかかわる、さらに親以外の人の力も借りることが必要です。複数の人との関係の中で、親とは違う風土にふれることが、親にも子どもにもよい経験になるのです。日米比較研究（東洋ほか『母親の態度・行動と子どもの知的発達』東京大学出版会、一九八二年）で印象的だったのが、子どもがゲームをしている時の母親の反応の違いでした。日本の母親は、子どもが間違えた時には必ず指摘して修正させますが、よくできた時には何も言わない。ところが、アメリカの母親はよくできた時にちゃんとほめるのです。つまり、日本の母親は、マイナスのフィードバックが多いわけです。これは母親に限らず、日本人全般の特徴らしいのですが……。親にしてみれば、子どもにもっとよくなってもらいたいという欲がある。そのよくの基準に照らすとまだ足りないというメッセージを送るのでしょう。けれども、マイナスのメッセージばかり受け取っていたら、子どもはああ自分はダメなんだと思い、自己評価が高まりませんね。親はとかくこうなりがちでしょう。他人は親とは違う面も見てくれて、親には当たり前だと見過ごされていることが評価されたり認められたりすることで、子どもが驚き喜ぶ、そういう体験がいまはあまりにも少ないと思います。いろいろな視点から、子どもが見守られることがなさ過ぎます。

平木　子育ての社会化は、そういった観点からこそ必要です。他人が子どもを見て、親が見るのと違うことを発見してくれると、子どものよさがわかる。子育てが嫌いで他人まかせの母親もいますが、自分が一番よくわかっているから他人にはまかせられないという母親が断然多いです。だから保育園にも行かせないで仕事をやめたり、「よその家に遊びに行ってはダメ」と言ったり……。柏木先生の日米比較にみられるように、マイリスばかり見ていることになります。

柏木　私たちの調査〈柏木惠子・蓮香園「母子分離〈保育園に子どもを預ける〉についての母親の感情・認知」『家族心理学研究』第一四巻第一号、二〇〇〇年、六一―七四頁〉で、子どもを保育園に入れている母親たちにくらべて、入れていない母親たちは、他人への信頼感が低いのです。子どもをうまく扱ってくれるだろうか、ちゃんと子どものことをわかってくれているか、と。そこには、子どものことは自分が一番、他人はどうも……という意識が見える。山岸俊男さんが『信頼の構造』〈東京大学出版会、一九九八年〉の中で、日本人は血縁や身内に対しては心優しく甘えるけれども、一般的な他者への信頼は低いと指摘していますが、まさにその通りですね。子育て支援を考える上で、みんなから見守られているというのが子どもにとってすごく大事だ、と認識することが必要です。何か事が起こると親をいちいち呼び出したりしがちですが、それでは頼りになるのは親だけ、と子どもは思うでしょう。何でも親にまかせるのではなくて、気がついた人がしかる、気がついた人がほめる、手を貸してやる、ということが、何より子どもにとってよい意味での社会化につながると思いました。

平木　その通りですね。親にしても、他者不信や、自分の思い通りにしたいという気持ちが強いので、他者からの指摘のありがたみを知る経験が必要なのでしょうね。

柏木　たとえば、公園で子どもが七人遊んでいたら、その親七人がそこにはりついていることはないですよね。せいぜい二、三人が交代で他の子どものことも責任を持って見る。それで子どもは自分の親以外の人からも守られている経験を持てるのです。また母親に限らず、たとえば定年退職して散歩に来ている人と子どもが言葉を交わしたり一緒に遊んだりするのも、おたがいにいいだろうし……。特別な支援施設をつくる以前に、おとなと子どもが声をかけ合う、かわいいですねとか、おいくつですかとかいうところから、身近な子どもに対する関心を示したり、受けとめたりすることで始められることがあるのではないかと思います。

平木　私も、『子どものための自分の気持ちが〈言える〉技術』（ＰＨＰ研究所、二〇〇九年）に書いたのですが、近所の人は子どもに声をかけてください、親には近所の人が声をかけたら挨拶しなさいと子どもに教えてくださいと言いたいですね。

柏木　それで世界が広がっていくのですから。「わが子」だけでなく、みんなが子どもを見守る風土をもう少し醸成しなければいけないですね。

平木　「私」の子どもになってしまっています、「社会」の子どもじゃなくて。次代を背負う子どもたちという観点がないことは残念です。

柏木　子育て支援には、担い手には資格も必要なこともあるのでしょう。またコミュニティがなくなってしまったのですから、そういう施設も必要ですが、まずは、人々が子どもに対する関心をもっと率直に表して、相互にやりとりするだけでも、ずいぶん違うのではないでしょうか。

平木　「社会」が育てるという考え方が、日本ではいまだに広がっていないのでしょうね。先ほどのお話で、他人にまかせられないという背景には、日本人独特の文化の問題があるかもしれないと思いました。きちんとしたいという強迫性が強いので、いいことをどんどんやりなさいとならずに、ダメなことをなるべく減らすという方向性に行きがちですね。

柏木　だから、ダメ、ダメという負のフィードバックだけを送ることになるし。また「いい」というのに多様性がなくて、ある基準以外はみんなダメというふうに考えてしまうのです。

平木　その基準が、ちょっといいなという程度ではなくて、抜群にいいというところに置かれているから、すごく課題的なのです。もう少し寛容になればいいのですが。母親たちも、自分の感覚でほめればほめられるのに、ある基準に合っているかどうかとなるから、ほめられないのでしょう。

柏木　子どもにしてみれば、平生、ダメ、ダメと言われているわけですから、かわいいねと言われたり、にっこり笑いかけられたりすることは、すごいプレゼントになりますよね。どれだけ努力して前よりよくなったかとか、他の子どもとは違うどんなよさを持っているか、という視点で子どもを見てあげればいいのです。いろいろな可能性をつくってあげたいというのも親心なのでしょうが、オール5でなくて、4か5のものが一つあれば、その子どもは楽しめるし自信を持てるはずでしょう。何でも全部そろっているデパートである必要はないのです。それぞれの子どもがどういう専門店かを、親が見つけてあげればいいのです。

平木　何でもつぶしがきくのに、何を選んだらよいかわからない、そんな子どもがいわゆる「いい大学」にはたくさんいます。何でもできるけど、最終的には決められない。アメリカにはチャータード・スクールという、特許をもらっている学校、公立学校でありながら、たとえば古典をアピールしてラテン語を教えるとか、ある分野に焦点を絞って勉強を展開する学校があるそうです。そういう学校があれば、日本の母親も違うことを選択する夢がいろいろと開けるかもしれませんね。

柏木　日本では、特殊な勉強をさせたければ私立に入れるしかないけど、そういうところはみんな受験校になっていますからね。

親子の育ち合い

平木　「子育て」と言っても、実際には「親子育ち」という側面が大きいですよね。

柏木　「子育て」というのは私も好きではありません。親の「よかれ」だけで先回りして、子どもにおおいかぶせてしまうような感じがして。それよりも、子どもが自分でトライしてみて、やった、できる、という感触を持つことが大事なのに、その機会が閉ざされてしまっています。子どもが自ら育つチャンス、そのための時間と空間を保障することが大事。子育ち支援です。同時に、親たちにも、自分が個として育ち生きる時間をきちんと保障することが大事だと思います。

平木　親も子どもから育てられる側にいると思います。親は、親子がどのようにコミュニケーションすればいいか、中でも子どもが親の言うことを聞かない場合にどう話をしたらいいか、ということで悩んでいるようですが。

柏木　「子育て」と子どもの行動へのフィードバックが過剰ですよね。子どもを「見る」ということは、育児の基本ではないでしょうか。この子どもはどういうことを望んでいるのか、どういう性質なのかということをきちんと見て、とらえることが第一なのに、それ以前に、親のあらまほしき理想の子ども像だけがあって、それに向かって叱咤激励しているというのはおかしなことです。

平木　心理学で言われる「自己実現」という言葉が勝手に解釈されているようです。自己実現を、子どもが持っているあらゆる可能性をともかく伸ばすこと、そのためにできる限りの訓練をすることだと勘違いしているように見えます。本来は、一生懸命がんばってみて、それでもできないことをあきらめ、自分がなることができる人になるという意味なのですが……。あきらめなければならないこともがんばらなくてはならないこともたくさんある中で、自分はこれをやるのが一番いいと思うところにたどり着く助けが「子育て」だと思うのですが、親があきらめないので子どももあきらめきれず、息せき切って、伸びきったゴムみたいになってしまっています。

柏木　自分の道を選ぶということは、他の道を整理して外していくことですから。

平木　つまり、捨てることもあるでしょう。何を捨てるかを選ぶのは難しいかもしれませんが、親が捨てきれないから、子どもが山ほど持ち続けてしまい、選択や決断ができない。

柏木　仕事の上ではそういう取捨選択の機会は多いかもしれませんが、日頃、自分の道を選びつくっていくという機会が少ないと、そのような事態につながってしまうのかもしれませんね。

児童虐待とコミュニケーションの問題

柏木　親から子どもへの重篤な暴力については、臨床的な問題ゆえに、平木先生に多くの事例やご意見を伺いたいです。私がお話しできるとしたら、その心理的・社会的背景です。親子関係というと、愛情溢れるとか、温かいというイメージが前面にあって、育児が嫌になったとか子どもが疎ましいなどという気持ちはあってはならないことと、抑えてしまいがちです。けれども親と子どもの関係は、実はそもそも対立をはらんでいるものなのです。親にとって子どもは愛情の対象であると同時に、限られた自分の資源（時間、心身のエネルギーなど）を投資しなければならない対象です。ところが、その資源は自分にも必要だからです。それに加えて、最近では親、特に母親に、「私」というテーマが浮上しました。かつては、次々に子どもが生まれ、膨大な家事・育児に追われましたが、それがある面では女性の生きがいにもなり、「私」というテーマを問う必要も暇もなかったのです。それが近年、少子高齢化というライフコースの変化の中で、「私」がにわかに浮上してきたために、親子の対立が顕在化したと思います。育児不安はその典型ではないでしょうか。育児不安と言いますが、育児や子どもについての不安よりも、育児している自分についての不安や不満が大きいのですから。また、しつけをする際には、親と子どもは上下関係にならざるを得ず、歴然たる権力の差があります。しかも、しつけは家庭という密室で行われる、非常にプライベートなことです。そのため、権力を振りかざして手を上げたりということが、しつけという大義名分によって隠されたり許されたりしてしまう。そういう構図もあるでしょう。さらに、望まない妊娠による子どもが暴力の対象になりやすいということもありそうです。「私」と一番対立する存在ですから。そして最後に、あらゆることに共通しますが、やはり、コミュニケーションの問題があると思います。暴力という手段によって、しつけをする、あるいは嫌だという気持ちを表現する。そういうコミュニケーション手段を親が当たり前のようにしていれば、子どもにもそれが当たり前になってしまう。それが虐待の世代間連鎖の問題にもつながっているように思うのですが。

平木　虐待する親は、完全に子どもとのコミュニケーションを無視していると思います。子どもが「私」の思い通りに、動けないことも動かないのも気に入らないし、動けなくてじっとしていることもわからないまま、動かそうとして暴力になるのですが、それをしつけと思っている親もたくさんいます。子どもは、心理的には、暴力を受ければ受けるほど暴力を感じないようにがまんしていく能力を高めてしまうので、本当に泣くこともできなくなっていきます。

柏木　そういう点ではしつけには効力は全然ないのですよね、暴力が日常化していれば。

平木　それを、親はすねているとか反抗しているとか思ってしまうので、コミュニケーションは全然成り立っていないのです。2章でもふれたように、アメリカの心理学者のマズロー（『人間性の心理学』小口忠彦監訳、産業能率短期大学出版部、一九七一年）は、人間は五つの欲求を満たそうとして生きているという五段階説を立てているのですが、それによれば、基本的な欲求がある程度満たされないと、次の欲求は出てこないのだそうです。五段階をピラミッド状にイメージすると、一番基本になるのは飢えや乾きを満たす「生理的欲求」、次に「安全の欲求」。この二つは人が生きるために満たされることが必要ですが、これらがある程度満たされると、「所属と愛の欲求」が出てきます。これは、集団に所属したい、友情や愛情を分かち合いたい、つまり、存在そのものを認められたいということです。それがある程度満たされると、成果を上げて認めてもらいたいという「承認の欲求」が出てきます。

存在を認められて初めて、自分の持つ能力や可能性を最大限発揮したいとなり、その次に「自己実現の欲求」が出てくるのだそうです。私にはその実現へのプロセスが非常に印象的で、カウンセリングの指針にしていますが、現代の日本では、「生理的欲求」と「安全の欲求」は比較的簡単に満たすことができるので、次に「承認の欲求」を駆り立てたくなります。さらに成果を承認してあげるからそれで「自己実現」しなさいという方向に追い込んでいて、「所属と愛の欲求」が満たされないまま、成果を上げることで認められていく状態です。しつけという名の下で、トイレット・トレーニングも、英語やピアノの習い事も、できるようになった、ならないというところで子どもを認めていく。二つの欲求充足の順番が逆転しているか、前段階がないのです。子どもたちは、「所属と愛の欲求」と、「承認の欲求」との区別ができていないから、何かができるようにならないと私は存在してはいけないのだという感覚をもつようになります。

柏木　たとえば、子どもが学校から帰ってくると、「おかえり」もそこそこに、「宿題は?」と問いかける。そういう達成ばかりが問われていては、家でも学校でもそこにゆったりしていられる、そこにいる所属の喜びや愛を味わうゆとりがないかもしれませんね。

平木　何かができたら認めてあげるという条件つきの承認だから、子どもはできるようにならなければダメだと思い、親はどんどんエスカレートして、できない子どもには、攻撃したりうるさく言ったりしてできるようにする、というのが親子間のＤＶにつながったりするのではないでしょうか。

柏木　逆に言えば、そういう暴力を避けようと、子どもはよい子を装ったり、よい子であろうと努めたりしている。親はそうとは気づかずに満足してしまうのですね。

平木　いわゆるホームシックというのは、一人になった時に、自分を守ってくれる人がいる家に帰りたい、という気持ちですよね。でも、承認を優先させられている子どもにとっては、家は守ってくれる人がいるところというよりは、離れてほっとするところです。そう思っているうちに、周りには競争相手しかいなくなり、孤立化してしまう……。そういう例は増えています。

柏木　産業社会が、効率的で生産性が高いことを求めているのはわからないでもないですが、それと同じものさしが、しつけや子どもの教育に波及していってしまっているのはどうかと思います。

平木　前にもお話ししましたが、子どもに早々と何か教えたり、親の思い通りにさせたりしてその成果をほめることとは、存在を受けとめ、誰が何を言おうとあなたは大切というメッセージを伝えることにはなりません。成果社会の価値観では、「できること」のほうが「存在」よりも高くなっています。

柏木　なるほど。子どもの側は、必ずしも所属というふうに感じないですが、親は子どもを所有していますよね。その場合、子どもも、ものの一つで、それを目標に向かって効率的に仕立てようというのがしつけだから、権力的になっていくという構図が見えますね。「少子良育」――少なく産んでよく育てる――の時代ですが、このよくが問題ですね。親がいいと思うことが、子どもにはよくないものになっています。つくろうと思ってつくった限りは、「親のよかれ」の成果主義で過剰に介入し教育するけれども、思ってもみなかった子どもができちゃった場合には……。

平木　暴力につながったりもするでしょう。親の思い通りに成果を上げ続けてくれないから。自分の言う通りに動かないので子どもを育てるのが面倒くさくなったりして、育児放棄とか虐待死とかを招いているかもしれません。

柏木　しつけも、子どもというより自分のためなのですよね……。「よくこれだけお育てになった」と言われるように。

平木　親自身は子どもの将来のためにと思っているので自覚してないでしょうが、子どもにとってはそうですね。産業化社会の豊かさときびしさの中で、何かができるとかできないはさておき、「この子どもは私が大切にします」ということがどれだけ重要なのか、見えにくくなっているのでしょう。

私が子どもの頃は、戦後「満州」からの引き揚げで、経済的に苦しかった時期もあったのですが、日曜になると両親が農家に買い出しにいくのを見て、私たちは守られているとどこかで感じていました。いまは、冷蔵庫を開けると食べものはたくさんありますから。

柏木　両親の心づかいとか愛情を感じるのが難しいですね。「手間ひまかけて」「手塩にかけて」ではなくて、買ってくれればよいというふうになるから。

平木　愛情が見えにくいのでしょう。両親が、今日はあそこに行けば何が手に入るかなと話しているのを聞く機会があることで、今日も働いてくれたと感じ、それが所属と愛につながっていたと思うのです。

5章　自立と葛藤を避ける若者たち

パラサイトし続ける子どもたち

柏木　晩婚化に伴って、未婚の単身世帯が増加していますが、これは悪い面ばかりではないと思います。以前は、離家（親の家から出る）は、男性の場合には、就職、進学の二つが契機になっていましたが、女性の場合には、学業で一度離れてもまた戻って、最終的に家を出るのは結婚の時だけでした。それがいまでは、結婚とは関係なく、一人で経済的に自立して暮らす女性が増えたという点で画期的なことです。しかしその一方で、パラサイトという自立して生活するのとは反対の極が増えているのも日本の特徴です。最近のデータでは、親と同居している成人、中でも三五～四四歳の未婚者がうなぎ上りに増えています（図5－1）。また、親として、将来子どもにしてほしくない家庭生活像をたずねた国際比較調査によると、欧米諸国では、子どもに「自分（親）との同居」はしてほしくない（独立してほしい）と考える人が多いのに対して、日本では少ないのです（図5－2）。つまり、子どもを離家させる、独立させることについての規範が日本の親には乏しいのです。最近は不景気ですから、大学を出ても給料が低かったり、就職もままならなかったりすることが、親もとにいたいという希望に余計に拍車をかけているのでしょう。それでも、離家規範がある社会ならばそうは考えませんよね。

平木 たとえばアメリカの学生は、なるべく早く家を出ようと思うのが当たり前だと考えますね。

柏木 パラサイトさせている、というよりも、してもらいたい親さえいるという状況ですが、これは子どもの数が少なくて、親も健康で子どもよりも裕福という状況になったことが背景にあります。子どもの独り立ちを、遅らせる条件が整ってしまったと言えます。

平木 最近の若者の経済状態だったら、いっそう親に頼りがちになるでしょうね。ワーキングプアと言われるような状況にあって、一人で生活できる収入も得られないこともありますし。

柏木 一八～二四歳の青年が誰と暮らしているかを見ると、日本では圧倒的に親と暮らしている人が多いんです（内閣府『第八回世界青年意識調査』二〇〇九年）。欧米では、親との同居もありますが、配偶者や友達・ルームメイトと暮らす人が多いのが特徴です。欧米では、一人暮らしは経済的に厳しい、ならば誰かとルームシェアするか結婚するほうがよい、となっていくのに、日本では、パラサイトで

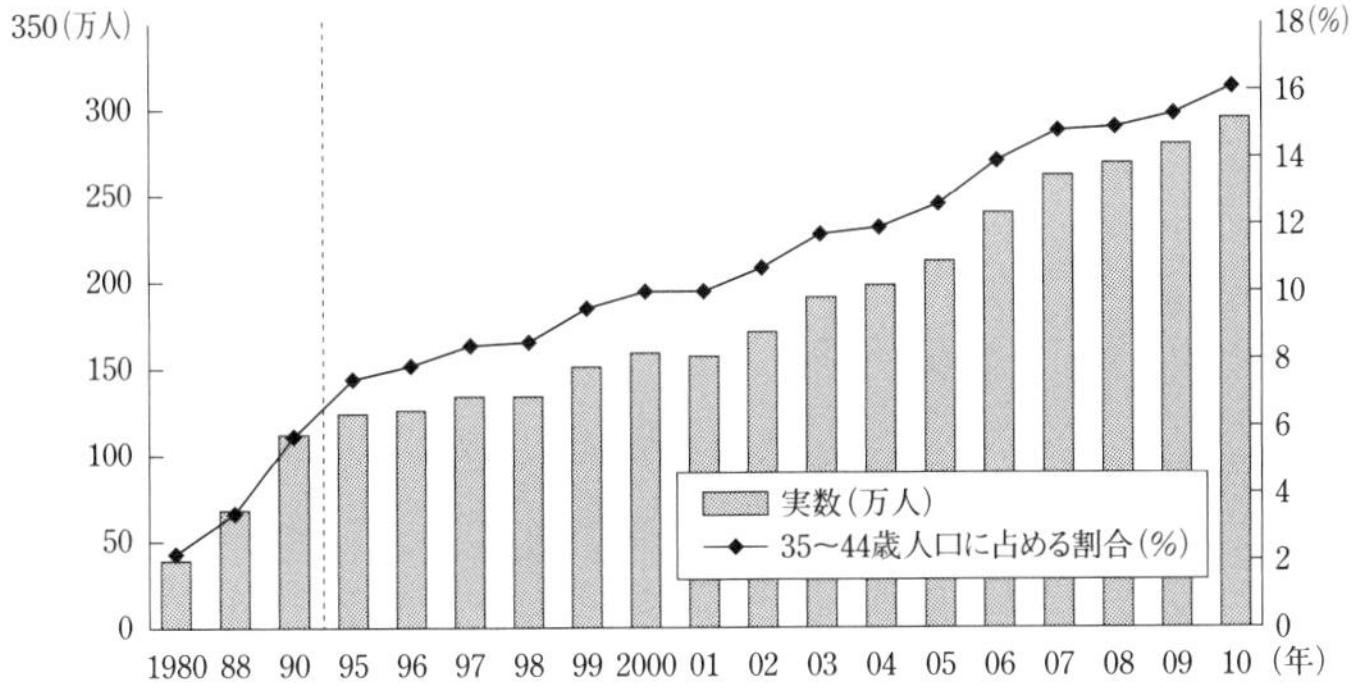

図5-1　親と同居の壮年未婚者（35～44歳）の推移（西文彦「親と同居の未婚者の最近の状況 その9」総務省統計研修所，2011年）

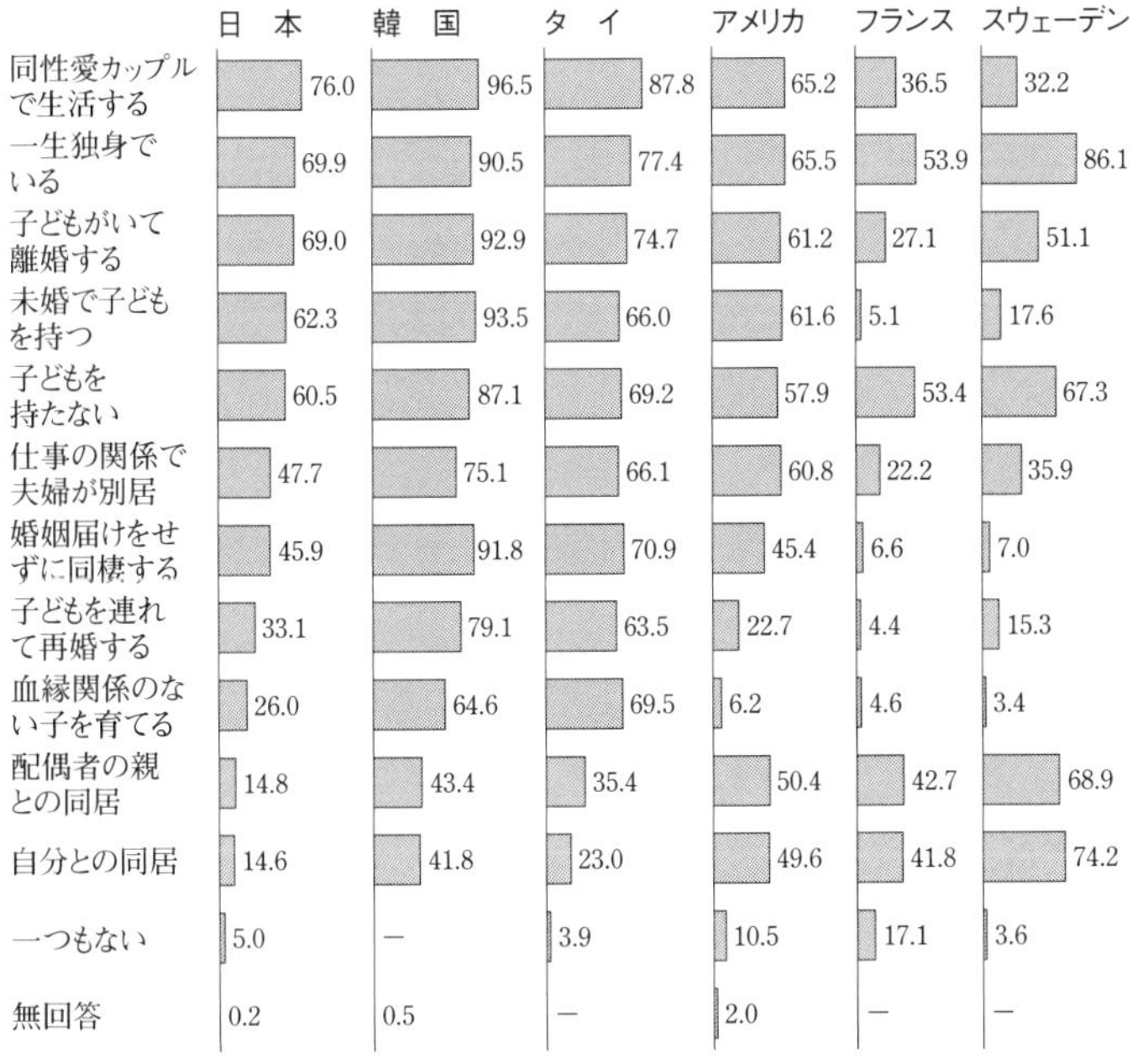

図5-2　将来子どもにしてほしくない家庭生活像（複数回答・%）（国立女性教育会館『家庭教育に関する国際比較調査報告書』2006年）

きるために、晩婚化、非婚化を促進しているとも言えそうです。子どもも自身よりも親のほうが婚活に一生懸命という話も聞きますが、それならパラサイトさせるのをやめればいいのに、矛盾していると驚きました。

平木　親はアンビバレントなんでしょうね。子どもが結婚しないのも心配なのでしょうが、特に手伝いをしてくれる女の子にはそばにいてほしいし。女性も実家の豊かさにくらべて、周りの男性は頼りないし、ジェンダーの問題もあり、女性の役割が旧態依然で、家事、育児などに縛られる可能性があるから嫌だという人も多いのではないでしょうか。

柏木　パラサイトしている子どもがどういう処遇を受けているかについての研究（宮本みち子『ポスト青年期と親子戦略』勁草書房、二〇〇四年）を見ると、子どもの性別による扱いの違いが歴然です。男の子にはほとんど家事をさせない、女の子には収入が高い場合にはあまりさせないけれども低い場合はさせるという、何とも言い難い結果が出ているのです。裏を返せば、女の子にはパートでいいから週三日ぐらい働かせて、あとは家事手伝いを、そして将来いざとなった時、面倒を見てもらおうと期待している構図が透けて見えます。親も便利、娘は自由度が高い生活を楽しめる、と親子とも居心地がいいのでしょうが、これは、いずれは介護などのケアの問題につながってきます。男の子に家事をさせないことも、自分の身の回りのケアもできない、まして他人のケアができるわけもない、つまり、男性にケアラーとしての資質が全く養成されない事態につながっています。

平木　パラサイトは親の側がさせていることもありますが、子ども本人もそうしたいのでしょう。ともかく楽なほうに流れているという感じもします。1章でも言ったように、他人とともに生きる葛藤を避ける人がパラサイトになっているというか。

柏木　両方の利害が一致しているんですね。仲のよい親子だったらあうんの呼吸で行けますしね。ですからパラサイトと晩婚化は密接な関係があると思います。

平木　晩婚化は、単身世帯の増加につながったり、高齢出産になって不妊治療に結びついたり、本当にいろんなところに影響が出ていますね。

性別役割分業と母子連合

柏木　パラサイトシングルが可能になった背景についても、考える必要があると思います。一つは、4章でも再三登場しますが、子どもの私物化。せっかく「つくった」からには、できるだけのことをしてやりたいという。育児が完了したら、子どもを独り立ちさせるのが親の役割なのに、育児も教育も完了したのに、まだできるだけのことをし続けているわけですが、それは子どもの数が少ないから可能になったのです。もう一つは、心身ともに健全で、子どもより経済力がある親世代が誕生したということ。そして、あと一つは、最近は恋愛結婚なので夫と妻は対等ですが、子どもが生まれると性別役割分業によって母子関係が強くなって、夫婦のパートナーシップがなくなってしまうこと。母親にしてみれば、子どもがいたほうが、間が持つし、家庭もにぎわうし、自分の役割もあります。夫と妻のパートナーシップの希薄さが、母子関係をいっそう密着させ、パラサイトを温存させる背景の一つだと思うのですが、いかがでしょうか。

平木　来談のケースでは、そうした背景がありそうです。不登校の子どもの家族をカウンセリングしていると、家族療法で母子連合と言われる状態がたくさんあります。母子連合があるのは夫婦連合がないからですが、父親は仕事と連合しているのです。「仕事と浮気している父親、子どもと結婚した母親」というたとえをします。その場合、母親は自分が一人で子育てをしているつもりですが、子どもも側からすれば、あるいは外から少し冷静に観察すれば、「親代わりの子ども」と呼ばれる子どもが母親を支えていて、心理的には夫の肩代わりもしているのです。ある母親と娘との面接で、母親はいじめられて成績が落ちている娘のことを心配しているのですが、母親が席を外した時に、娘に「あなた、お母さんのことを心配していない？」と聞いたところ、「すごく心配です」と答えました。あのように心配している母親が心配だと。二人で心配し合っていて、離れられなくなっているのです。娘に恋人ができた時、この関係が問題になる可能性があります。母親は、無意識のうちに自分が見捨てられることを恐れて、二人の関係にちょっかいを出し、父―母子三角関係ができてしまいます。

柏木　晩婚化、非婚化も、強い母子連合の延長線上にありますね。親と一緒に暮らしているのは居心地がいいから、あえて結婚する必要がない。そして、母子連合を崩さないためにも、親も子も何だかんだとケチをつけて結婚しないということになるのでしょう。

平木　子どもは子どもで、母親に申し訳ないと思ったりします。母親からすれば、ひたすら子どもを心配しているわけですから、難しいですね。

柏木　子どもが生まれたとたんに、そういう母子連合が確立してしまって、育児から降りてしまった父親は、4章で見たように、問題が起こると母親を責めるけれども、そうでない限りは、母親が子どもをパラサイトさせて和気藹々とやっていることについて、問題意識は持たないのでしょうか。

平木　持たない人は多いですね。支え合いがあり家が安定していればそれでいい、と。母子連合が問題になるのは、父親が定年退職して濡れ落ち葉になった時です。父親は自分には居場所がないということを初めて知るのです。

柏木　そういう点でも、子どもが生まれたとたん、性別役割分業が確立することが、要は、夫婦関係を降りてしまうことになっていて、その問題がずっと続いていますよね。

平木　忙しい間は、性別役割分業でおたがいにいいと思っているのですが、夫婦関係は母子連合に取って代わられてしまい、その結果、母子で家庭をマネージしていってしまうことになります。

柏木　父親が定年退職して家庭に戻った時に、それまで母親だけが担っていた家事をどのように再構築していくかは大きな課題でしょうね。昔は、父親は退職金をたくさんもらって大きな顔して家庭に戻り、隠居してまもなく死ねたけれども、高齢化の進むいまはそう簡単に人生は終わりません。子どもの問題、夫婦の役割関係、家族内ケアの問題の再構築が必要になったと思います。

平木　そうですね。たとえば、不登校の子どもの家族カウンセリングで、母子連合が起こっているなと思う時は、未来のことを聞きます。子どもが学校に行くようになって、すくすく育ったら、その後どうしますかと展望を聞くと、夫婦でズレていることがわかります。妻は、そこまで考えていなくて、子どもが大学に行ったらと考えて、あわてます。一方、夫は、定年退職したら、妻と一緒に海外旅行でもしてみたいと言うわけです。イメージを夫婦二人で共有できることが、夫婦関係を表していると思うのですが、妻は夫との生活をイメージしていなかったのです。

柏木　以前に、青年が自立する上で家族が邪魔になってきたと感じるとおっしゃっていましたが、それは、子どもが家を離れなくても独り立ちさせるべき時期を越えて、親が抱え込むようになった頃からのことですよね。本当の意味で子どもを独り立ちさせないということは、親の側にも、子どもから自立できていないという問題があると思いますが。子どもの親からの自立と親の子どもからの自立は、表裏一体の課題でしょう。

平木　親子とも無意識でしょうね。母子連合でも、親はケアしているつもりですが実は子どもに依存しきっていて、子どもは頼っているつもりでケアしていますから、自覚するのは難しいのでしょう。

柏木　パラサイトさせている母親は、エリートサラリーマンである娘や息子があんなに働けるのは、自分が家事をして支えているからだと言います。つまり、昔、企業戦士の夫を支えたのと同じことを、今度は子ども相手にやっているわけです。母親が面倒を見ないと立ち行かないのは現実かもしれないですが、そうすることが当たり前、さらには子どものためによいと思っているあたりに、生きがいが子どもだけになってしまっていることの問題性、子どもからの自立が大事な課題になってきていることを感じます。

自立の必要性

平木　まず、最低限の生活技術上の自立というのは、どちらかと言うと自分で自分を律する「自律」に近くて、自分の生活を自分でマネージできるようになることですが、パラサイトさせている親たちは、それすらほとんど子どもにさせていません。子どもは、夫と同じで、勉強と仕事さえしていればよいことになっています。だから結婚が決まったら料理を習いに行く。家事は習えばできるようになるから、それまではしないのです。掃除ももちろん、家事が一切できない状況でも、平気なのです。それを後押ししているのが、コンビニでしょう。

柏木　パラサイト関係は、親が心身ともに健全で経済力がある時には、あまりほころびは見えないですが、それがいつまでも続かないことは目に見えています。その時にどうするのかについての見通し、悪く言えば計算をしておかないと、親も子どもも問題を抱えますよね。特に、子どもの側には、いまおっしゃったような生活技術上の自立や、ケアの力が全然ないわけですから。いままでずっと面倒を見てくれた親をほうってはおけないから何とかしようと思っても、そういう力がないと、パンクしてしまうと思うのですが、どうでしょうか。

平木　食べるものはコンビニでもカバーできますが、それ以外のことはよほど経済力がないとカバーできませんね。

柏木　病人が出たり、親が倒れたりした時に、困るでしょうね。そういう点で、生活技術上の自立の力を持っていることは、ケアラーとしての資質としてもたいへん重要です。特に、そうした自立の力が弱い男性には、身につけてもらいたいですね。

平木　子どもからも、親からも、どこかで自立するという意識を持たないと、たいへんなことになります。それに、自立していても助け合ってもいいわけで、相手をほうっておくというわけではないのですから。結婚して間もないアメリカのペンフレンドの家に泊まりに行ったとき、大きいマンションなのに、家具がバラバラでみすぼらしかったのです。それぞれ独身時代に使っていたものを持ち寄っていて、少しずつ自分たちの力でそろえていくのだと聞いて、驚きました。日本人は親がそろえた家具つきで結婚しますからね。一方、アメリカにしばらく滞在することになった時、亡くなった知人の奥様から、ぜひ家にと言われて住まわせてもらったことがありました。その間に、高齢だったその方がどんどん衰えてきて、下の世話も必要だし、記憶力もなくなるし、ケアが必要な状況になっていったのですが、子どもは、電話はかけてくるけれども一度も訪ねてきませんでした。ちょっと極端ですが、自立とはそういうことなのですね。結局、滞在中に私がその方の老人ホームに入るお世話をしたのですが。

柏木　老人ホームに入る決断は、本人がするのですか。

平木　本人がします。子どもとは関係なく。むしろ、近所の人がホームを勧めていましたね。

柏木　親自身の決断で、ということは、親自身の資産でできるからですよね。日本の場合だと、親が決断しても、反対する子どもがいるのです。遺産が減ってしまうから自分が面倒見ると言うのですが、そうはうまくいかなくていろいろ問題が起きてきます。いまの親たちは、子どもの世話になりたくないと口々に言うけれども、何も具体的に策を練っていないのです。そのままでいれば、結局は世話になるしかないでしょう。本当にそう思うなら、具体的に、これで自分で何とかするというプランニングなしではいられないはずです。

平木　日本の文化の中で、どう考えればよいのでしょうね。それも大きな問題だと思います。

柏木　日本の社会は、親子関係、夫婦や家族についての文化的規範を欧米型のものを参考にしながら修正してゆく必要があると思います。日本は世界の中で真っ先に、しかも急激に高齢化が進んだし、少子化も進んだのですが、この変化によって、親の扶養が一番大きな問題になっています。ところが、昔ながらの親子一緒がよいという考えから脱却できないことから大きな悲劇を生んでいる気がします。

平木　もっと迷ったり、考えたりしてよいことですね。超高齢社会は世界で初めて日本人が経験する大きな問題です。

柏木　嘘の研究（渋谷昌三・渋谷園枝「対人関係における deception」『山梨医科大学紀要』第一〇巻、一九九三年、五七―六八頁）によれば、大学生が誰にどのような嘘をついたか自由記述させて分析すると、最も嘘をついている相手は親だったそうです。子どもは親に甘えているのかもしれませんが、親子の間には、コミュニケーションが一番必要なのに、それができていない危険性がありますね。老後の問題などで親子の双方に建前と本音のズレがあったら、後々深刻なことになってしまいます。

平木　アサーションの問題ですね。

柏木　そう思います。親子の間の、本当の意味でのアサーション――できるだけのことをしたいけれども、そうするとこうなってしまうとか、こうするためにはこれしかできないということを、感情を交えずに率直に表現すること――を、両方が課題として考えることが必要ではないでしょうか。

平木　おそらく、迷うとか、選択するとか、話し合って決断するとかいう過程を経ずに、親の力で、あるいは子どもの勝手で、イエスかノーで物事を進めてしまっているのでしょう。親子は心理的に最も近くあってほしいとみんなが思っているのでしょうが、嘘をついているというのは、それほど近くはないということでしょう。

ニート、引きこもり

柏木　パラサイトの延長線上の問題として、ニート、引きこもりが挙げられますが、最近、不景気のこともあって、親に頼りきれなくなって、親も抱えきれなくなって、ネットカフェなどで暮らす若者が増えてきたというのは、新しい現象ですね。家族が対処できている限りはパラサイトでいられるけれども、それもいつまでも続かないという現実をもう少し認識する必要がありますね。

平木　ニートや引きこもりの人たちのことをどのように考えていけばよいか、この問題は、親子関係だけではカバーできないところもありそうです。私はコミュニケーションの問題がすごく大きいと思っています。ニートや引きこもりになっている人の多くは、コミュニケーションが下手なのです。

柏木　外でコミュニケーションできないから、一番楽な家に戻ってしまう……。

平木　家にいても、そんなにコミュニケーションをしていないですが、対人関係のストレスから逃れられることは大きいでしょう。

柏木　コミュニケーションのスキルが低いという問題意識は、教師は共有しているのでしょうか。

平木　気づくと思いますが、学校教育の問題として課題達成・成果主義があって、ニートや引きこもりにかまっていられないかもしれません。おとなしくしていてくれれば、目にとまらないし、邪魔にもならないですから。そうすると、対人関係能力の低い人が不登校になったり、卒業はしたけれど、社会に出て行けないということになるわけです。

柏木　そういうコミュニケーションの不全は、あちこちで見られますが、アサーション・トレーニング以前のもっと基本的な対人関係について勉強できる場はないものでしょうか。

平木　そういうチャンスを子どもに与えることは、本当に大切だと思います。家族間でもコミュニケーションが少なくて、父親の帰りが遅いということも、影響を及ぼしているかもしれません。思っていることをワイワイガヤガヤ話し合えるような場をつくっておかないと、コミュニケーション能力は育ちません。「ニート」「引きこもり」と軽蔑されたりするといっそう、くじけるかもしれません。その気はあっても、出て行けないです。

柏木　とっかかりがないのでしょうね。自分も何が欠けているかがわかってないし、それを鍛える場もないし、どんどんコミュニケーション能力が落ちてきてしまいます。それで、家で抱えきれなくなると、ネットカフェ難民になってしまう。親の世代も、パラサイトを抱え込むほど心理的にも経済的にも余裕がなくなってきている。これからはますます、自分たちだけでも精一杯だから、もういい歳の子どもは排除する方向になってくるでしょうし。

平木　パラサイトにはならない可能性はありますが、日本の場合は、仕事がないですね。

柏木　よほどのスキルか何かがないとね。

平木　すごくたいへんだと思います。ニートや引きこもりの支援も考えられていて、ネットカフェに行かずにジョブカフェに行く人が増えてきています。ジョブカフェというのは、ハローワークがつくっていて、いきなりハローワークでは敷居が高い人にともかく来てみなさいというものです。

柏木　彼らも、所持金によってネットカフェにいたり、ファミリーレストランに行ったり、ファストフード店に行ったりと、階層ができてしまっているようですね。家族との絆も薄れてしまって。

平木　家族の中でもほとんど喋らないのでしょう。すごく自信がないのです。いじめられた経験がある人も多いです。コミュニケーションができない人はどんどん増えていますが、外に向けて表現するタイプと、内向するタイプの二つに分かれると思います。怒りや悲しみが内向してしまっている人が、ニート、引きこもり、不登校、摂食障害などの問題を抱えることが多いです。機能社会に対して、言語化されない恐れや不安があり、どんどん引っ込んでいってしまうのです。

柏木　そういうコミュニケーションの問題を自分が抱えているのだと自覚できて、しかるべきトレーニングが受けられる場があれば、救われますよね。

平木　だから、せめてジョブカフェに来なさい、そうしたらお茶飲みながら話ができるから、というのですが、そこまでに行けるようになるのもたいへんだと思います。外に出すタイプでは、攻撃的になって、このいらだちは全部お前たちのせいだと、社会やおとなに向かって、暴力化したり、犯罪にまで発展することもあります。

柏木　このコミュニケーション能力の低下の原因は何なのでしょうね。いろいろあるでしょうが、ケータイの影響は大きそうですね。ケータイ・メールは、禁止してしまいたいくらいなのですが……。

平木　メールは必ずしも悪くないということを主張している研究の紹介（志村誠・池田謙一「インターネットによる社会的ネットワークの広がり」『児童心理学の進歩』第四八巻、二〇〇九年、二九五―三二五頁）もありますが……。

柏木　どういう役割を果たしていると言われているのでしょうか。

平木　時間があれば、気軽に会話のようにやりとりできるので、面と向かって言えないことを言えて、孤独感や抑うつ感が低下するとか、政治的議論をするなどです。逆に「死ね」だとか「うざい」など、中傷やひどいことを書き送る害が大きいという研究も多いそうです。

柏木　言いたいことを言えるということもあるでしょうけれども、言いにくいことでもきちんとコミュニケーションを積み上げるということが、なおざりにされてしまいますよね。

平木　ケータイ・メールに頼りきると、一番まずいところは、対面ではないので非言語的要素がないことですね。コミュニケーションは、非言語的なやりとりで補わないと、かなり削減されてしまいますから。

柏木　それから、単語や表現が単調な繰り返しばかりでしょう。限られた単語だけを使って、非常に単純な構文だけですませている。２章でふれたように、ケータイの使用時間は語彙力と密接に関係していますから、それでは深い思考につながっていかないでしょう。

平木　小学校の教師がアサーションに興味を持ち出したのも、子どもたちが話さなくなったからだそうです。たとえば、「うざい」だとか「死ね」という言葉で、何を伝えようとしているのかわかりにくいですね。悲しいという言葉は悲しみを伝えない、言葉だけで思いを伝えられると思ったら大間違いです。仲のよい親子がメールでごく単純な言葉のやりとりをするだけで通じるのは、しょっちゅう会話をしていて、日頃の雰囲気も気持ちもわかっているからでしょう。そうでない間柄ではメールだけでコミュニケーションをとるのは、よほどの表現力がないと難しいと思います。

柏木　表現力は何より大事ですよね。

平木　いつのまにか身につけているとは言え、身ぶりや声の調子が伝える力は大きいですね。

豊かな社会と若者のコミュニケーション能力の低下

柏木　高度成長期以降の家族の中で、開放されたものと閉ざされたものとは非常に対照的ですね。開放された、すなわち社会から家庭に入って来たものは、家電や情報機器です。それによってたしかに便利になったけれども、家族のまとまりを破壊した面もあります。たとえば以前は、掃除にしても何にしても人の手でするほかありませんでしたから、子どもも手伝いをしたし、ご飯も温め直せないから家族そろって食べていたし……。逆に、閉ざされたものというのは、人の出入り、コミュニケーションだと思います。まず住む場所としてはマンションで、鉄筋コンクリート造でオートロックのところが多いですから、人の出入りのハードルが高くなりました。以前の開放的な木造の平屋では、隣家の喧嘩も聞こえてしまったりしてプライバシーはなかったですが、垣根越しに「○○君遊ばない？」と子どもが誘いに来たり、近所の人が「こんにちは」と縁側に顔を出して話し込んだりして、人の出入りが頻繁で、つまりはコミュニケーションがもう少し直接的だったのです。ウェブやテレビで得るような間接的で画一的な情報ではなくて、人と人とがふれ合う形でもたらされる情報が減ってしまったことは、コミュニケーション能力の低下や、母親の孤立にもつながっているのではないでしょうか。

平木　そうですね。ものの豊かさが心理的貧しさを招いた、という感じですが、それが育児には直接響いています。

柏木　たとえば、おもちゃにしても多様なものがどんどん出てきていますから、常にもっと新しいものを、というふうになって、子どもが手近のもので工夫する、同じものを何度も味わう、皆で一緒に使う、ということはなくなってきましたが、これが子どもにとって豊かと言えるかどうか……。

平木　創意工夫の力を育てられません。私の知っている私立大学附属の幼稚園では、一本クレヨンをなくしたり使いきったりすると、新しく一箱買って与える親がいるそうです。昔はそんなこと考えられなくて、この色とこの色を足したら何色になる、というふうに工夫していましたね。

柏木　クレヨンも昔は六色くらいが普通。銀色も金色もある二四色は憧れだったものですが、いまは二四色が当たり前ですしね。住んでいるところがコンクリートで固められ、鍵で閉ざされているというのはある意味仕方ないのかもしれませんが、何かそこに工夫が必要になってきますよね。延藤安弘さんという建築の専門家が「まちの縁側」というおもしろい試みを行っています。たとえばマンションでも、ベランダは犬や猫はもちろん、人も行き来しようという決まりごとをつくったり、共有の庭にわざと手のかかる池をつくったり木を植えたりして、みんなが集まって世話をするようにしたりというかたちで、おたがいの直接的な交流を生む工夫をしているのです。

平木　バブルがはじけた後の建築の傾向として、個室にしないで家族が集まるところ、家族がとにかく通るところをつくるという工夫もありますね。『ＡＥＲＡ』（二〇〇六年八月一四―二一日合併増大号）の特集「学力伸ばす生活習慣」に、偏差値が高い大学に入る子どもは居間で勉強していたというデータが出ていました。要するに、人のいるところでは勉強できないわけではなくて、それぞれの人が何をしているかが見える居間で、おたがいに邪魔をしない工夫をしていけばよいということです。コンクリートの壁に囲まれた個室では、そういう時間がなくなっているのです。ある家族療法家によれば、家族には、同じ場所にいて一緒に話をする時間、同じ場所にいて誰が何をしているかわかっているけれどもおたがいにかかわり合わない時間、そしてそれぞれが個別に一人でいる時間、の三つの時間のいずれもが不可欠なのだそうです。

柏木　プライバシーが大切ということを家庭の中で徹底し過ぎたのでしょうね。たしかに以前は、出かけようとすると、「お出かけですか」とか「どちらへ」などと近所の目があって、鬱陶しさもあったでしょうが、それをすっかりシャットアウトしてしまうことと引き換えに、失うものも大きかったというか……。

平木　そうして、家族がだんだん孤立化していく、その中の典型が母親なのでしょう。

柏木　コミュニケーション能力の低下と暴力の関係についてはいかがですか。

平木　つながっていると思います。コミュニケーションにおいては、権威、地位、役割、知識、情報などを持っている人のほうが強くなります。つまり、子どもが育つプロセスでは、当然、親のほうが知識があるし、権力も権威もあるし、役割も上だし、子どもに対して発する言葉は、愛情がなければ暴力的になりかねないのです。私の言う通りにしなさい、そうでなければあなたを認めない、というメッセージになってしまいます。家から追い出されたら困るので、子どもは、不快感は持っているのですが、「はい」と言ってがまんする、つまり非主張的コミュニケーションになるわけです。さらにがまんし続ける子どもは、その場を自分の責任で治めようとします。「自分ががんばれば、自分さえ黙っていればものごとはうまくいく」となるので、怒りを抑えてうつ的になります。一方で、理不尽さに対する怒りは鬱積し、うまく言葉にできないので、ストレスを自分に与えている人に対して直接爆発することになります。自分はどうせダメだとなってキレるのは、コミュニケーションする相手、あるいは「所属と愛の欲求」を満たしてくれる人がいなかったことを暗示していると思います。

柏木　いずれにしても、適切な形で怒りを処理できない若者が増えたというのは、いったいなぜなのでしょうか。

平木　一つは母親が課題達成的になってしまったからでしょうね。課題がきちんとできないとうちの子として認めないと言われてしまうので、不快感を小出しにできない。怒りは脅威に対する反応ですから、身を守るための大切な感情なのですが、それが出せなくなっているのです。

柏木　それから、豊かになったので、日頃から小さいがまんをしないで来ていることもありませんか。自分一人で持ちたいものをきょうだいで一緒に分けて使うとか、欲しいものをすぐには与えられずに今度の誕生日に買ってあげるからと言われるとか、自分を抑えたり、先の目標に希望を持ったり、いろいろ想像したりなど、広い意味でのフラストレーション耐性を養うチャンスが、いまはないので。物質的には満たされがちですから、代わりのものを見つけるとか、高い目標につなげるとかいった、不足や不満にうまく対処する方向に行かないのではないかと。

平木　そう、フラストレーションはいつも悪いものではなくて、耐性を高めるためのものでもありますから。それがないと、恵まれた状況に感謝する機会も得にくくなります。

柏木　そうですね。お年玉をもらっても、取り立ててほしいものなんてないという子どもが多いと聞きますが、そんな不健全な、不幸せなことありませんよね。子どもや若者は、それなりに夢だとかほしいものがあってこそ、次の目標にしていけるのではないでしょうか。

平木　フラストレーションとは、『見通しがはずれること』と言う人もいます。そこに工夫の余地があるとも。ほしいものが手に入ってしまうと、工夫の余地もなくなるでしょうね。

柏木　献立も親の計画ではなく、「何食べたい？」と聞かれて、ほしいものを食べさせてもらっていますしね。

平木　さらに、親からつくってもらったものに対しては、「おいしかった」とか感謝の気持ちが生まれるのでしょうが、買ってきてしまうとそれもないです。この店のはまずいとかおいしいとかで終わりになってしまう。

柏木　買う時にも、値段という基準で決めると、子どものほうもケチというような評価しかしないし。

平木　以前は自然に育っていた恵まれた状況を大切に思い、それに感謝するプロセスがなくなっていきますね。

6章　高齢化社会とケア

少子高齢化のもたらすもの

柏木　少子高齢化社会になって、子どもから高齢者まで生活が変わり、また心理的にも家族や他者とどういう関係を取り結ぶかについて、いい影響も悪い影響も多々あると思います。長寿とは言い切れないのが日本の現状ではないかと思うのですが、いかがですか。

平木　これまで、長生きすることはアプリオリにいいこと、おめでたいことだと思われてきました。けれども、長生きすればするほど体力が衰えるし、たとえば親の介護に子どもが苦労しているケースにもカウンセリングでは出会います。それは、ここまで高齢化が進んで初めて体験しているたいへんさですが、高齢者本人も周りに迷惑をかけたくないという気持ちもあり、現代では長生きすることがいいことだとは必ずしも思えなくなっているのではないでしょうか。

柏木　かつては子どもが幼い時に親が死んでしまうことが多くて、それが養育上マイナスの影響を与えるとか、親の愛情を知らないのは不幸なことだとか思われていたわけです。そこで、みんな長く生きられるように、子どもが幼い時に親や祖父母が死なないように、子ども自身もちゃんと生き延びられるように、という願いで医学が進歩してきて、いまそれが実現している。その結果の少子高齢化社会には、プラスの側面だけでないことも多くなっているのですが……。いまは大学生の卒業式に、両方の祖父母まで出席したりしていて、それだけの期待を背負い込んだ子どもは幸せと言えるのか疑問ですし、しかもその子どもが一人となると、必ずしもいいことばかりではないのではないでしょうか。

平木　少子高齢化社会とはこんなことだったのかというのを、いま初めて日本人が体験し始めているのではないでしょうか。たとえば認知症についても、患者さんの家族とケアをしている人たち以外には理解が進んでいません。「ボケ」「痴呆」という言葉もそうですが、統合失調症に対して長い間偏見と差別があったのと同じようになってしまうおそれもあります。認知症の患者さん本人もその家族も、何度も何度も喪失体験をするわけです。本人が、これがわからなくなった、あれができなくなったという喪失体験をしていくプロセスを、家族はかかえ続ける……これは、医学の進歩がもたらした、長期化する別れの問題を象徴しているように思います。

柏木　昔は寿命が短かったから、認知症にかかるまで生きる人も少なかったし、お年寄りになれば

「ボケ」てしまうものだというふうにみんなが受け入れていましたし、たとえ認知症になってもそう長く生き続けませんでしたから、本人にも周囲にもそれほど大きな問題ではなかったのです。そういう意味でも私は、はたして長寿なのか、疑問なのです。

平木 ただ一方で、長命は寿ではない、という価値観はきっと受け入れられないですね。家族はどんな状態になっても、おじいちゃんやおばあちゃんが生きていることはいいことだという気持ちがあるので、それを支えに、長引く死に立ち向かって、ひたすら尽くそうとする家族は多いのではないでしょうか。

柏木 家族というのはかけがえのないものだというふうに思い込んでいるのですね。

平木 思い込んでいるし、家族こそ一生ケアし合うのが当たり前、という考えも根強いです。たとえば認知症の患者さんを割り切って専門的な施設に預けることに対しては、家族側の罪悪感もあるし、周囲からの非難の目もあります。ただし、実際は家族だけで最期まで看取るというのは難しいです。どうしてかというと、まず認知症に対して、「○○さん、ボケちゃってるから徘徊とかするんじゃないかしら」というような偏見があるので、家に引きこもってますますストレスフルになってしまうわけです。多少外を出歩いても冷たい目で見られたりしなければ、本人も家族も傷つかないですみます。

コミュニティが支えていくことで在宅介護もできるのでしょうが、日本ではまだそこまで行っていません。コミュニティが認知症の人とその家族をどれくらい受けとめられるようになるのかということと、介護と高齢化は、全部つながっている気がします。

柏木　つながっていますよね。家族やコミュニティではもう対応しきれないから専門的な施設に預けるという場合、平木先生のおっしゃったように、家族が大きな罪悪感を持つ、それは問題だと思うのです。誰でも認知症になる可能性はあるのだから、そしてそれは長い年月になるのだから、その時に自分はどうしてほしいか、たとえば家族に負担をかけても自宅で暮らしたいのか、それとも迷惑をかけたくないから専門的な施設でケアを受けたいのか、そういうことをあらかじめきちんと考えて、自分の意見を周囲に知らせておくことが、いまほど大事な時はないと思います。

平木　そうですね。認知症や介護の知識を広めることも大切だと思います。知識が深まれば、自分から施設に入る選択をする人も増えるかもしれませんし、前もって話し合っておくこともできます。

柏木　親の人生と子どもの人生、あるいは夫の人生と妻の人生と言い換えてもよいのですが、介護が必要になった側の人生と介護を担う側の人生を、どこまで別のものだと考えられるか、それぞれの個人の人生をどれだけ大事にするか、というのは重要な視点です。親子、夫婦と言えども、やはり介護というのは家族だけでは支えきれない……支えようとする側の人生は、大きく狂ってしまうわけです。自身の介護体験をふまえた具体的、説得的な小説『母の遺産』（水村美苗、中央公論新社、二〇一二年）では、「ママ、いったいいつになったら死んでくれるの？」という深刻な心の叫びが描かれています。親の人生は親の人生、子どもの人生は子どもの人生、というふうに双方がきちんと覚悟して、特に親の側が子どもに対して、自分はどういう最期にしたいか、意思表示をしておくべきでしょうね。「子どもに迷惑かけたくない」としきりに言っていても、何の具体策も立てていないのでは、結局は迷惑をかけることになってしまっていたりしますからね。判断できなくなってからでは遅いのです。

平木　まずは老後や死について、家族内で話し合いをしておきたいですね。老いや死を、ふれてはいけないことのようにして、ほうっておかずに。親は迷惑をかけたくないと思っても、子どものほうでは最期まで面倒を見たいかもしれません。

「長寿」とは？

柏木　そもそも一人ひとりの高齢者にとって、どういう生活が幸福かは違います。これについては、家族社会学の研究があります。まず、袖井孝子さんの研究（「中高年期以降の発達と主観的幸福感」内田伸子編著『誕生から死までのウェルビーイング』金子書房、二〇〇六年）からは、まず健康で、外出ができること、いろんなネットワークを持っていることだといいます。この外出ができるというのは、とても印象的です。健康であることと、外出して何かしたいという関心の広さ、あるいは交流の広さにつながっていますからね。私たちの研究（柏木惠子・永久ひさこ「女性における子どもの価値」『教育心理学研究』第四七巻第二号、一九九九年、一七〇―一七九頁）では、子どもを産む理由として、老後が寂しいからというものが多く選ばれていましたが、直井道子さんの研究（『幸福に老いるために』勁草書房、二〇〇一年）によれば、子どもがいる人といない人とで、高齢期の幸福感に差はないのです。

平木　つまり、子どもがいれば老後は寂しくないとは言えないということですね。ただし、子どもがいれば頼りになるとは言えませんか。

柏木　頼りにしたいという向きはあるでしょうが……。2章で、女性のほうが結婚に不満が大きい割には離婚しないのは、経済的な要因が大きいという話が出ましたが、自立するか子どもに頼るかは、ある程度経済的な基盤がある人とない人とで、二極に分かれると思います。子どもへの期待と親の自立の覚悟をどう位置づけるかについても考える必要があります。ただ、高齢期の女性に一人で住む人（単身世帯）が増えたことは、日本の社会では画期的なことだと思います。女性は、幼い時は親の家、結婚してからは夫の家、夫が死ねば子どもの家と、どこかの家に寄りかかることで生活が成り立っていたのですが、歳を取って配偶者を喪い、一人になっても、世帯を持てるようになったのですから。

これは、女性が年金のほか、多少の経済力を持つようになったいま、誰にも気兼ねせずに、自分の好きなものを食べ、自分の思い通りのスケジュールで生きたいという、個人化の表れとして注目しているのですが、どう思われますか。

平木　女性のほうが長生きする可能性が高いので、必然的に自立していく。とりわけ生活技術上も自立している女性には、一人暮らしはメリットがあるかもしれませんね。

柏木　経済力、精神力のほかに、生活力がなければ自立は無理ですよね。男性の場合には、配偶者が先に亡くなると、生活上の自立ができていないので、娘を一緒に住まわせるような形で家つきになりがちですが、女性は少々のお金があれば、気兼ねするよりは一人で暮らす。ここでも男女の違いが出ていると思います。

平木　「子どもは頼りにならない」ので、当然面倒を見てもらおうとは思わなくなってきた、ということの表れだとしたら、それも変化ですね。

結婚の賞味期限

柏木　中高年の離婚増は、高齢化社会では自然の流れという一面もあるでしょう。昔は、夫は退職後そう年月の経たないうちに亡くなり、妻もほどなく亡くなるということで、引退後の夫と妻の結婚生活はなんとかやり過ごせたものが、いまは賞味期限がもたないほど人生が長くなったと言えるでしょう。そのために、夫が退職するのを契機に、このままではいけないと夫婦関係に見切りをつけるようになった事情もあるでしょう。

平木　高齢化と少子化の結果でもありますね。子どもが育ち上がったので、もう別れようと。

柏木　人生が長くなったのは医学の進歩のおかげですが、人間は実に皮肉な選択をしたものです。長くなったのだから、子どもも産めるだけ産む、多子にするという選択もあり得たのに、少子にしてしまった。このことは、子育て期間の縮小をもたらし、親ではあるけれども、親としてではなく一人の個人として生きる時期を長くしたわけです。このことも、結婚の賞味期限を短くする方向に働いているでしょうね。ところで、離婚は大体が妻の側から申し出ているのですが、これは妻側に結婚への不満が大きいことの当然の結果だと思います。臨床では、夫はどのような反応なのでしょうか。

平木　ほとんどの熟年離婚の相談では、夫のほうはひたすら驚いています。家族のためにずっと働いてきたはずなのに、何でいまさら、何が悪かったのか、という感じです。家族のために働いてきたというのも、おそらく思い込みなのでしょうが、家族と接していない、交流がない時間のために、それが実質的に伝わっていない。非言語的世界を分かち合っていない上に、言語的世界は用事のみなので、夫本人の思いと、家族が受け取るコミュニケーションは全く別物になっています。つまり、夫は自分が定年退職したら、妻と海外旅行しようとか、子どもたちと一緒に遊べるとか思っているのですが、妻も子どももとっくの昔に夫や父親との関係はないと思っているわけで、それは本当に悲劇です。

柏木　たしかに、家族のために働くということは重要でしょうが、それは経済面だけでよいのかということですよね。経済面はほどほどでよいので、それよりも妻や家族と生活をともにし、日常的な交流を持つことが大事なのですが、それがすっぽり抜けてしまって、その結果、妻や子どもとの親密な関係が切れてしまっている……。退職して家庭に戻ってきて、さあこれからは家族だ、妻との関係を築こうといっても、そううまくはいきませんよね。

平木　その裏返しとして、たとえば、妻だけが相談に来たりすると、もうずっと以前から離婚を考えていると言うのです。

柏木　離婚を一度でも考えたことがあるかという調査（平山順子・柏木惠子「中年期夫婦のコミュニケーション・パターン」『発達心理学研究』第一五巻第一号、八九―一〇〇頁）では、妻は七割が「はい」と答えています。夫側はずっと少ないのですが。

平木　現在、財産分与や年金の分割制度が整ってきたので、それを全部調べて理解していて、財産がもらえる年になるまではがまんして、離婚したら財産をどのように分けるかという計算をしている妻もいます。そうするためにはどうしたらよいかとか、これでよいだろうかという相談もあります。夫のほうはある日突然言われるのでしょう。あらかじめ言っておいたほうがよいとアドバイスしたりすることはありますが、かなり早い段階で結婚生活をあきらめてしまっている妻がいるわけです。

柏木　中高年の離婚はたしかに増えましたが、実際には考えてはいても離婚はしない夫婦が大半でしょう。性別役割分業夫婦の場合、「亭主元気で留守がいい」となっていく傾向があります。子どもが生まれた時に、夫は仕事、妻は家庭という分業になった当初は、不満を持っていても、やがてあきらめたりそれなりのバランスができたりしてしまうのでしょうか。しかしこれですむでしょうか。育児終了、夫も退職、その後の長い夫婦の生活をどうしていくかという中高年の夫婦の発達課題は、かつてないほど大きいのではないでしょうか。六〇歳以上の夫婦についての研究（宇都宮博『高齢期の夫婦関係に関する発達心理学的研究』風間書房、二〇〇四年）を見ると、相互に愛情を持ち、信頼し合い、よい関係の夫婦は、三〇パーセント程度なのです。残りの七〇パーセントは、おたがいにあきらめきっていながら、表面的にはうまく取り繕ったり、妥協したりして仮面夫婦を続けているという状況です。そう考えると、離婚する夫婦は正直だとも言えるでしょう。不満があり、相思相愛でもないのに離婚しないのはなぜかというと、結局、世間体と経済的な問題でしょう。基本的には、離婚はその人の発達にとって、新しい契機になり得ると思います。その意味では、本当は離婚したほうがよいと思っているのに、経済的な理由や世間体から離婚しない、できないというのは不幸ですね。

平木　そうですね。夫が離婚したくない理由は世間体がかなり大きくて、会社にいる間は待ってほしいとか……。妻が離婚しない理由は経済的な問題が大きいです。そこで、両方とも修復するつもりになって相談に来る夫婦も、それなりに多いわけです。このままではいたくない、と。

柏木　その段階になっての修復はかなり難しいですね。以前から離婚を考えているということは、関係がすっかり切れてしまっているということですから。それをどのように修復できるのでしょうか。日本では、基本的に夫婦のパートナーシップをあまり大事にしません。子どもが生まれると、夫は家庭から姿を消して、朝早くから夜遅くまで仕事一辺倒の生活。他方、妻は夫よりも子どものほうが大事になって、パートナーシップはないがしろになってしまいます。このような状態では、夫が働いている間は安定しているのかもしれませんが、夫が定年退職して戻ってきた時、夫婦関係を修復するのはたいへんではありませんか。

平木　そういう面もあります。夫と妻の役割と、父親と母親の役割とを両方担っていかなくてはならないのに、父親と母親になったとたんに夫と妻ではなくなってしまうので、子どもが自立して夫と妻にもう一度戻らなくてはならなくなった時、どうすればよいかわからなくなってしまっている状況です。子どもが生まれてから夫婦の時間がないとか、夫婦で一緒に行動しようと考えないなど、まさにこの状況の表れです。日本には、パパ、ママとずっと呼び合っている夫婦も山ほどいるのです。

柏木　中高年になって、子どもは出て行ってしまっているのにね。

平木　日本では名前で呼び合う習慣がないことも、父母役割に偏っていくのかもしれません。

柏木　夫婦がどのように呼び合っているかを調査（柏木惠子、二〇〇三―二〇〇五年調査、対象者三〇一名、複数回答、未発表）したところ、「お父さん」「お母さん」が圧倒的多数。そのほかは、夫は呼び捨て、妻は「さん」づけ。代名詞の場合は、夫は「おい」「お前」、妻は「あなた」でした。ここには、対等なパートナーシップという関係は見えにくい。むしろ上下の関係ですね。もう一つ、日本の夫婦はパートナーシップよりも子ども中心と言えますが、調査（労働大臣官房政策調査部編『転勤と単身赴任』大蔵省印刷局、一九九一年）によれば、単身赴任を選択した理由の一番が「子どもの教育・受験」で、それがよしとされていることにも、特徴が見られます。さらに、次に多い理由が「持ち家の管理」であるのにも驚きました。せっかく建てた家を守るということですが、ハードのほうが大事なのかと。最近では、妻が仕事や自分の築いた人間関係を大事にしたいからという理由で、夫だけ赴任するというパターンも少しずつ増えています。妻が自分のネットワークを持つことはとてもよいことだと思いますが、穿って見ると、夫との関係がないから、あるいは夫との関係をつくることはあきらめているからこそ、成立しているネットワークなのでは……。

平木　それは大いにありそうです。アメリカでは、会社や近所の人とのつき合いや社交の場を、妻が夫の世界に参加する形でつくっているので、離婚するとそれが全部なくなってしまい、妻が独りぼっちでさみしい思いをすることが多いのですが、日本では、コミュニティに根づいているのは妻なので、離婚してもそのようなことはないようです。そうしたネットワークが、単身赴任とか別居とかいうことに作用しているのはたしかでしょうね。

柏木　妻がコミュニティのネットワーク以外に仕事を持つようになった時、夫との関係がどのように変わってくるかもとても重要な問題です。自分の仕事を大切にすることと、夫婦としての親密性とのバランスをどのように取るかという、新しい課題です。

平木　共働きで転勤がある場合などですね。国家公務員で転勤の多い仕事をしている夫婦には、国がケアをしてきています。たとえば、家庭裁判所の調査官同士は、管理職になるまでは近い県に赴任させる例が多いようですが、会社ではそういかないこともあるでしょう。そういう配慮がまだ広がっていないですよね。

柏木　日本では、夫婦は同じ大学の教員にはしなかったりします。

平木　自分たちの努力だけではどうしようもなくて、別居になってしまう場合もあるわけですが、社会や組織の側でそうならないように配慮する方法を考えていく必要がありますね。

柏木　子どもが生まれたとたんに、夫と妻のパートナーシップが切れて、夫は仕事、妻は家事・育児と性別役割分業になってしまうのは、ある面では日本の社会を変えない限りはやむを得ないのですが、それなら育児が一段落した時に、夫と妻の関係や役割分担の仕方を仕切り直さないと、夫婦関係の賞味期限がもたずに、熟年離婚につながってくるわけです。どれだけの家事があるのかを調べて、改めて分担し直すとか……。どれだけのことがライフのために必要なのか、それをどう二人で担うかというのは、特に夫の定年退職時などには、家族の再構築として大きな課題になってくると思います。定年退職後、妻にまかせていた財布のひもを握り直す夫が非常に多いというデータ（柏木恵子研究代表

「社会変動と家族・自己・ジェンダーに関する文化・発達心理学的研究」『科学研究費実績報告書』二〇〇五年）もありますが、それがなぜなのかも含め、家族のライフについて全体を見渡すような研究が必要です。

平木　家族のライフサイクルから見れば、夫婦になるというのが大きな一つの段階ですが、夫婦として過ごせる時間というのは家族によってそれぞれ違います。何年も二人だけで過ごす人たちもいれば、すぐ子どもが生まれる人たちもいます。ただ、子どもが自立すれば、再び夫婦だけの時間が始まるわけで、父母でもある時間を経た後で、二人の関係も改めてつくり直す必要がある……日常生活は変わるし、役割行動も変わるということですね。

柏木　夫婦だけでの外出もあまりしなくなって、夫婦関係もおざなりになるという……。これでは、どちらかが介護が必要になった時に大きな問題になるだろうと思います。介護というのはたいへんですから、この人だからこそという関係があって初めて気力も体力も保てるのに、妥協して夫婦を続けている七〇パーセント近くの人たちは、深刻な問題を抱えることになるでしょうね。

平木　アメリカの家族療法家たちは、夫婦としての関係と親としての関係との二つあると言います。夫婦は連合という関係を持つべきだと。連合という関係は、単なる仲よしではなくて、二人がものごとや家族以外の人にどう対応し、夫婦としてどう生きるかということなので、それと、親としてどう生きるかということは一つではない。たとえば、二人だけの時間は子どもが生まれても必要だということです。常に両方の役割を取っていかなければならないと思います。

柏木　子どもとの関係よりも、パートナーとの関係のほうを大事にするということが基本にあるわけですね。そういう関係がずっと続いていれば、子どもが生まれようが、何が起ころうが、二人でやっていけると。夫が定年退職で家に戻ってきた後も夫婦関係が延々と続くようになったいまこそ、夫婦のパートナーシップを大事にするということを、若い時からずっと実践していく必要がありますね。

ケアのジェンダー化

柏木　ケアというと、つい高齢者介護のことを考えがちですが、実はこれは生涯にわたる問題です。人生は、ケアを受けることで始まり、最後はまたケアを受けて終わります。それ以外の時期は、誰もが誰かのケアをすべき立場にあるはずですが、誰がこのケアを担っているかを見ると女性で、つまりジェンダー化が起こっています。現在は、恋愛結婚が大勢で夫婦の年齢差が小さくなり、一方で寿命が長くなったために、夫が妻より先に死ぬとは限らなくなりました。ところが、調査（内閣府「高齢者介護に関する世論調査」二〇〇三年）によれば、自宅で妻に介護してもらいたいという夫が依然として多いのです。現実にはそうはいかないということを、とりわけ夫は考えなければいけないと思います。

夫がケアを受けるばかりで、ケアをする力が非常に弱くなっていることが問題です。

平木　それはワーク・ライフ・バランスとつながっていますね。夫はライフを生きてこなかったから、ケアができない……。

柏木　『男性の心理学』（柏木惠子・高橋惠子編、有斐閣、二〇〇八年）の中で、無藤清子さんが、妻に介護してもらうつもりが逆になった夫のケースを紹介していますが、自分はいままで勝手なことをしたり親の面倒を見てもらったりして妻の献身に支えられてきたから、今度はその恩返しだとか、夫はいちいち意味づけをしなければ介護を引き受ける覚悟ができないというのです。いざ引き受けると、相手の様子を見てそれに合わせてではなく、仕事のようにマニュアル通り計画遂行する、その挙句、自分の計画のおかげで妻の体重は減らなかった、床ずれができなかったなどという成果主義なのが、とても印象的でした。介護をめぐる暴力のデータ（厚生労働省「平成二二年度高齢者虐待の防止、高齢者の養護者に対する支援等に関する法律に基づく対応状況等に関する調査結果」二〇一一年）を見ると、介護されている人に暴力をふるうのは、家族内では息子が最も多く、次いで夫、娘となっています。虐待者に男性が多いというのは、ケアを受けるばかりでケアをした経験がないことと関係があるのではないでしょうか。これは、自分が思いがけず介護をするはめになって、慣れないことで逆上したりして、パンクした結果の一つではないかと思いますが、男性のケアラーとしての力を養成するということを長期的に考えていかないと、本人にとっても不幸ですね。一方で、依然として女性、特に娘にケアラーとしての力を期待する考えがあることも問題です。5章でふれた、パラサイトの娘にはパートでよいと家事をさせるという傾向からも、ケアのジェンダー化が進んでいるというのは気になります。

平木　社会全体の仕組みも娘にケアラーとしての役割を期待していますからね。高齢化社会全体が、個人では抱えきれない問題になっているにもかかわらず、制度や施設がないからやむを得ないということで……。

柏木　子どもは親の血を分けている、また子どもは計画的につくられているのが現在ですが、子どもは親の持ち物ではない、別の人格、親とは別な志をもっている存在なのに、その子どもの人生に勝手に期待するなんて、子どもの人格無視も甚だしいと思うのですが……。

平木　現在の子どもは思い通りに親につくられ、思い通りに育てられているわけで、「よかれ」と思っていること自体、親の勝手かもしれないという視点を持ってほしいと思います。

柏木　ただ、親の性別しつけで女の子がさせられてきたようなことは、きちんと生活するという点では力になります。ケアラーとしての力が身についている。そういう意味でのケアラーの素地になる力を、性別にかかわらず身につけることがこれからの課題でしょうね。パラサイトの例に見るように、いまは男女問わず、いつまでも親にケアされていて、そういう力が弱くなっていると思います。

在宅介護の難しさ

平木　在宅介護を経験した男女にインタビューして、どのようにケアのプロセスが変わっていくかを調べた修士論文を指導したことがあるのですが、ケアする側が体験するのは、相手が要求しているようには動けない、ということです。初めはこうしたほうがよいだろうとか、特に認知症に関しては、これ以上悪くならないようにとか、いろいろとケアする側が試行錯誤するのですが、それは自分勝手なケアであり、相手にとってはストレスになったり、余計なお世話だったりしています。最後にはどうケアすればいいのかわからなくなり、お手上げ状態になるのだそうです。自分の力ではどうにもならなくなって初めて、相手の要望が少し見えるようになり、これまでは自分がしたいケアをしていたのであって、相手のしてもらいたいケアをしていたわけではないのだ、とわかる。そうするとすごく楽になる、と……。一番大切なのは、相手が何を望んでいるか、なのです。それがわかるようになるための訓練が家族には必要なのですが、ケアした体験のない人は、善意で自分の思い通りにケアしてしまうものです。

柏木　家族の場合、善意で先回りしてケアして、ケアを受ける人に対する応答性がなくなってしまっているわけですが、専門家はそういう応答性が身につくような訓練を受けているのですか。

平木　専門家は相手が何を望んでいるかを共感的に理解する訓練を受けます。特に認知症ではそれがわかりにくいので、骨が折れます。本人の認知が不安定ですので、もしかしたらほうっておいてほしくて、あるいは何か思いついて、徘徊しているのかもしれないのです。わからないという意味では育児と似ていて、一人ひとりに対して、それまでの経験を含めて心理的にも精神的にも肉体的にも途方もない労力を使います。バーンアウトしたりもします。傷ついていく本人と家族をずっと見ている専門家も、経験によって家族よりは見通しは立っているけれども、だからといってかかえなければならないストレスが減るわけではありません。ケアする家族を支援すると同時に、ケアする人をケアする専門家が愚痴をこぼしたり自分の荷を下ろしたりできるようなシステムをつくる必要があります。

柏木　育児の場合も、自分を育てる、自分を解放する時間・空間が必要ですからね。家族介護となると、四六時中ケアに縛られてしまいますが、ケアする側を養うような時間・空間が必要だということももう少し考えないと。ここには、いろいろな問題が介在しています。仮に予定外だったにしても、生まれた子どもを育てることは、基本的には親、おとなの責任だと思いますが、歳を取った親を介護することを子どもの責任だと断言できるでしょうか。長命となって、他方で少子化となって、介護の負担はかつてなく重いものになった、その重さを考えると、仕事も持って、子どもの教育や自分の健康などいろいろな面で限度がある中で、介護が強いられた役割になってしまった時に、ストレスが爆発してしまう危険性はあると思います。

平木　特に認知症では、どんどん悪くなっていくプロセスにつき合うので、家族がストレスをかかえたままだと、思いとは反して、不適切なケアや虐待につながりかねません。そういうストレスをかかえる家族を見なければならない専門家もまた、自分の勤務時間や力量に収まりきらないことばかりあって、しかも報酬は安くて……という問題もあります。

柏木　家族の面倒を見ることを、嫌だとか、困っているとか、頭に来るとか言ってはならないような風潮がありますが、どういう無理があるか、どうすれば多少でも心理的に解放されるかを、オープンにしていかなければなりませんよね。

平木　教育が必要ですね。松本一生さん（「認知症の人と家族を支援する」『現代のエスプリ』第五〇七号、二〇〇九年）が、誰もがかかる可能性がありながら、実際どうなるかという知識がきちんと広がっていない認知症のような領域では、ともかくコミュニティが、それがいかにたいへんなことかをわかる必要があるとおっしゃっています。専門家にまかせておけばいいという問題ではないのです。

柏木　情報を行きわたらせ、ケアしている人自身が解放され、活性化する時間・空間を保障するということですね。計画的にケアしても、本当に相手に寄り添っているとは限らないし、きちんとやろうとするとパンクすることは目に見えています。介護保険などの行政的な支援では、いまのところケアしている人自身を支えることにはなっていません。しかし、日本では、たとえば子どもを預ける時も、仕事や公的な用事で出かけるのであれば喜んで引き受けてくれますが、夫婦で音楽会などに行くとなると、あまりいい顔をされないような現状があります。そういう意味でも教育が必要だと思います。

ケアをめぐる不公平感

柏木　そもそも家族の関係に損得が入り込んだのは、女性も社会で働けるようになったのに、子どもに縛られて家を離れられないとか、家事が機械化されて誰でもできるようになったのに、依然として男性は全くしないとか、できるはずのことができない、しないことが原因ではないでしょうか。

平木　家族療法では、葛藤やトラブルの中で、不公平を感じている人がたくさんいることがわかります。長女と次女の扱いが違うとか、不公平というのは家族みんなが感じているのではないかとも思いますが、それが夫婦の性別役割分業では端的に出てきますね。

柏木　男女どちらでもできるはずのことを、やりたい魅力があるのにその道が遮断されてしまっているとか、分担すべきなのにしないのは怠慢だとかいうところで、余計に不公平感がクローズアップされたのが最近だろうと思うのです。

平木　女性差別が問題になったきっかけは、できるのにやらせてもらえてないということですものね。そういう意味では、家族の中での性別しつけや娘へのケアラーとしての期待も、不公平感の一つではないでしょうか。親は公平にかかわっているつもりでも、子どもはそう思っていませんね。

柏木　不公平感が何なのか、どこに原因があるのかを点検して、変えられるものは変えていかないといけないと思います。評論家の樋口恵子さんが常々、家族は「感情より勘定」だとおっしゃっているのですが、金銭問題も不公平感につながる可能性があります。たくさん介護したのだから、親の遺産をほかのきょうだいより多くもらいたいというような民事紛争の話はまれではありません。金銭問題も、家族の間でもきちんとしておく必要がありますよね。

平木　遺産はいらないからともかく介護だけはしたくないと逃げる人もいるわけですね、一方では。

柏木　逆に、親が子どもに老後の世話は頼まない、その代わり、子どもにお金は遺さないというケースもあります。樋口さんがおっしゃった、ちゃんと勘定しなさいというのはそういう意味で、子どもだから、親だからといって、愛情だけではすまないような超高齢社会を迎えているわけです。子どもよりも後見人を、という意識が強まっていますし。家族の役割は変わらざるを得ないと思います。

平木 少なくとも、子どもがケアする人と決まってはいないというのはたしかです。人は幼い時と年を取った時はケアを必要とするので、社会の一員としてそういう人たちを支えていくという意味では、子どももケアをする立場にいつかは立たされるでしょう。けれども、ケアや育児が社会化されていく中で、自分の親のケアを、必ずしも自分だけで引き受けなければならないわけではないのではないでしょうか。親のケアをしたい、ケアをするのは当たり前だと思っている人もいて、それはかまわないのですが、実際にはとてもたいへんなことがいろいろあって、当たり前に簡単にできることではないということは、これから一つひとつ理解していかなければならないでしょう。

柏木 自分が「つくる」と決めて生まれてきた子どもをケアする、育てることは、つくった人の責任です。しかし、ケアを受けたその子どもが親をケアすべきだというふうに考えるのはおかしいですよね、産んだのは親の勝手なのだから。育てられた子どもはその志と力に応じて生きていくべきで、子ども自身が力に余裕があるとかしたいとかいうなら別ですが、親のケアはすべきだとか、するのが麗しいとかいうのはあってはならないと思うのです。

平木　基本的に、誰がどうケアを背負うかというのは社会の問題として考えなければならないので、その制度をつくるとか、ケアをどのようにするか、どういう方法があるか、どういうたいへんさがあるかを教育することが必要だと思います。社会化されたケアのどこをどのようにつくっていくべきかというのは、まさに高齢化社会の課題なのではないでしょうか。一方、専門家のみがケアをすべきだというのも、少し違うというか……。在宅でのケアがうまくいくような関係をつくれる家族は多くないのではないでしょうか。関係をつくれないままケアを全部引き受けて、義務感に縛られてどんどん疲弊していく家族や、ケアをすっかり専門家にまかせて、関係を一切断ってしまう家族にも、臨床の場では出会います。カウンセリングでは、親を他人だと思えば気が楽になるかもしれない、親だけれども、一人の人としてどうつき合って、どうかかわっていくかというのは、誰との関係にも存在する課題ではないか、という話をします。ケアの前提として、家族の間でおたがいがどうもありがとうと言い合えるような関係をつくっていきたいですね。

柏木　『ヒトの子育ての進化と文化』（根ヶ山光一・柏木惠子編著、有斐閣、二〇一〇年）の中で、陳省仁さんに、中国では祖父母に孫を育ててもらう「寄養」が多いというデータを紹介してもらいましたが、どのように世代間の養育、扶養をするかは、欧米と中国でかなり違うそうです。中国では、親が子どもを育て、子どもは親の扶養をするという循環型で、資源が親子の中でフィードバックされていきます。さらに祖父母は孫も育てるので、この循環は三世代にわたり、養育も介護もこの関係の中で行われるというわけです。欧米では、親は子どもを育てる、子どもは自分の子どもを育てるだけで、子どもから親へ、また孫から祖父母へのフィードバックは起こりません。この点について日本はいま、転換期に来ています。毎日新聞社人口問題調査会は一九五〇〜二〇〇〇年に、ほぼ二年ごとに「全国家族計画世論調査」を行っていたのですが、それによれば、「老親扶養」についての意見は、一九八〇年代後半までは「子どもとしての当然の義務」「よい習慣だと思う」が圧倒的に多かったのです。それが以後減少し、社会的制度や施設によるべきだけれどもまだ不備だからということなのでしょう、「やむを得ない」という意見が増えています。中国は一人っ子でも世代間の介護ができるほど思想が堅固なのでしょうが、日本は子どもが少なくなって高齢化が進んだことで、このフィードバックが成り立たなくなったということでしょう。つまり、パラサイト関係の中でおたがいにフィードバックを漠然と期待し合っていても、現実は破綻してしまいます。親は、子どもにできるだけのことをやってあげる、いずれ子どもに面倒を見てもらうのだからと期待しても、そうはいかないのが現実なのです。子ども側には、ケアラーとしての力も経済力もないし、子ども自身の生活もあるので、いつ終わるともしれない長期化した親のケアに見返りを期待するのは難しいでしょう。言い換えると、親が子どもにできるだけのことをせずに、自分のために取っておいたほうがよいのではないでしょうか。子どもに「できるだけのこと」と全部あげてしまうと、もう自力ですることができない、誰かに頼らざるを得なくなってしまうので。親の思惑と子どもの現実のズレを、もう少し真剣に考えるべきでしょう。

終章　新しい家族のかたち

増える「おひとりさま」

柏木　いまでもニュースで、税金や電気料金などの変更時に、「標準家庭」ではこのくらいになりますというような発表がありますが、その父親、母親に子どもが二人という「標準家庭」は、いまや日本では標準的な世帯の例としては意味がなくなっています。一人っ子も増え、単親家庭、子どものいない家庭、一人暮らし、いろいろですから。それを認識せずにいまだにこうしたモデルで家族のかたちをとらえているというのは、問題がありますね。

平木　二〇一二年一月一日現在の住民基本台帳に基づく調査によれば、東京都ではついに一世帯当たりの人数が二人を割って、一・九九人になったそうです。

柏木　以前は一人暮らしと言えば下宿住まいの未婚男性が中心だったのが、わざわざ「おひとりさま」などと言わなくても、老若男女問わず一人暮らしをする人が増えているのが最近の顕著な特徴です。それは、言い換えれば、いわゆる標準家庭のようなかたちでの生活がいろいろな意味で難しくなった、あるいは魅力的でなくなったということかもしれません。とりわけ注目すべきなのは、かつては結婚前の女性の一人暮らしはあり得ないという意識が強くて、女子大学には寮があることが絶対の条件だったのが、いまでは卒業後も一人暮らしを続けるのだから初めから一人で住む、という若い女性が多くなったのも一つの変化の例。それから、歳を取って夫を亡くした女性が、以前なら長男のもとに引き取られるのが当然だったのに、いまは自分の納得できる生活を自由にしたいと一人で生活することが増えたことも大きな変化でしょう。

平木　これに当然、晩婚化や非婚化の問題も絡んでくるわけですし、たとえば単身赴任の既婚男性もいるし、そういう意味では、本当にいろいろなかたちの単身家庭が出てきているんですね。必ずしも誰かと一緒に住まなくてよくなったというか……。

柏木　その背景には、家電の普及もあり、コンビニやファミレスもありと、一人でも生きやすくなったことがまず関係しているでしょう。もう一つには「一人で生きる」ということ、自分で決めて、自分の主義・主張で生きるということの、必要性と魅力が大きくなったことが関係していると思います。

平木　両方あるでしょうね。実家の近くに大学や職場があっても、一人暮らしをしている若者も多いですし。精神的な自立や、生活技術上の自立がどこまでできているかはわかりませんが、一人暮らしをすることは結構できるようになりました。一人暮らしは気楽で心地よいのでしょうね。

柏木　無理して誰かとすり合わせをしなくてもいいですから、葛藤を避けるという傾向とつながっているのかもしれません。一方で、単身世帯の増加は、いわゆる孤独死の問題ともつながってきます。最近読んでとてもおもしろかったのが、矢部武さんというジャーナリストの『ひとりで死んでも孤独じゃない』（新潮社、二〇一二年）という本なのですが、アメリカでは日本よりも単身世帯は多いにもかかわらず、孤独死という問題はないそうです。なぜかというと、一人暮らしの人どうしのコミュニケーションや、そういう人たちを支えるネットワークがあって、最後まで個人としての生活を貫くことができるからだそうです。そういう意味で矢部さんは「自立死」だと言っているんです。日本でも、ただ気楽だからということで一人暮らしをして孤独死に至るのか、そういうネットワークを築いていけるかは、今後課題になってくるのではないでしょうか。

平木　日本では一人暮らしの人たちを支えるコミュニティがないので、孤独死、孤立死につながってしまうのですね。

柏木　『平成二二年度第七回高齢者の生活と意識に関する国際比較調査結果』（内閣府、二〇一一年）によれば、近所の人たちとのつき合い方を見ると、日本では他の国とくらべて、ものをあげたりもらったりというのが多くて、相談したりされたりというのが少ないんです。このあたりのことが問題ですね。困っている時に気軽に助け合うということができないために、孤独死を招いているという……。隣の人が何をしているか知らないような状況なわけですから。日本人も、自分一人がよければそれでいいというのではなく、他者との関係のつくり方を変えていく必要がありますね。

平木　また、親子で亡くなっていてしばらく見つからなかったという事件がありましたが、これは老老介護で、ケアしている側が倒れてしまったということですね。二人でいればだいじょうぶということでもないわけです。行政の対応の遅れなども指摘されていましたが。

柏木　そういう危険信号の家庭は地域できちんと見守っていく必要がありますよね。

いろいろな家族のかたち

柏木　単身世帯が増えるのと同時に、結婚を介した家族のかたちもどんどん多様になってきています。子どもをつくらないと決めた、あるいはほしくてもできなかった夫婦のみの家庭もあれば、離婚の増加によって、ひとり親の家庭、再婚同士の再編家庭なども出てきています。東京都では、Tokyo Step Projectとして、こうした新しいかたちの家族、ステップ・ファミリーの当事者やその支援機関を対象に、交流会やセミナー、シンポジウムを開催しています。いまはそういう時期に来ているのです。ひとり親家庭で言えば、特にシングル・ファーザーはたいへんなようです。シングル・マザーのほうが貧困率は高いことは問題ですが、手当ては充実していますから……。

平木　シングル・ファーザーは、手当てが薄い上に、仕事をやめないと子育てができないような状況に追い込まれて、周りの人にも頼れないケースが増えてきているようです。その点では、男性が差別されていますね。

柏木　そのような背景から、離婚する時に父親が親権を取った場合、自分の親に育てさせることが多くなるようですが、それまであまりなじみのなかった祖父母に育てられるということは、子どもにも大きな問題でしょうしね。親としての責任は重いですし、そもそもなぜ子どもをつくるのか、「つくる」時代になったからこそ、親になる前に考えておくべきです。

平木　両極端の状況があります。考えずに「できちゃった婚」になるか、考えすぎてつくらない方向を選択する人が増えて、少子化が進むか。

柏木　一方の、再編したステップ・ファミリーからはどのような問題が相談に持ち込まれますか。

平木　ステップ・ファミリーからの相談というのは、海外ではかなり多いようなのですが、日本ではまだまだ少ないです。双方が子連れで再婚した夫婦では、自分の子どもと相手の子どもとの関係をうまくつくることができなかったり、自分自身が相手の子どもとうまくいかなかったりということがあるようです。時に虐待に至るケースもあります。

柏木　日本では今後の課題ですね。日米比較で縦断研究（東洋ほか『母親の態度・行動と子どもの知的発達』東京大学出版会、一九八一年）をした際、両親のそろっている家庭を条件にサンプリングしたにもかかわらず、数年後にアメリカでは約四分の一が離婚し、そのうちの半分が再婚していたんです。そこで、両親のそろっている家庭と、実父がいなくなった家庭を比較してみたところ、後者のほうが知的発達が低かったのです。この理由として単純に思いつくのは実父の不在ですが、よくよく調べたところ、実は、子どもの知的発達にプラスに作用する母親の応答的な働きかけが減っているからだ、ということが判明しました。つまり、再編家庭では、離婚や新しい家族を迎えることなどへの母親の精神衛生上の不安定さから、子どもに望ましい働きかけができなくなる、そういうかたちで子どもへのマイナスの影響が見られたのです。

平木　再編家庭では、夫婦双方にいまの家庭とは別に子どもがいたりします。日曜日はその子どもとの面会交流で現在の子どもと一緒に過ごせないとか、別に暮らしている子どもが訪ねてくるとか、非常に複雑な関係になりますし。

柏木　いずれにしろ、子どもにとってはとても不安定な環境になるわけで、先ほど紹介した東京都のプロジェクトのような当事者のための取り組みが、これから必要になってきますよね。まずはどんな問題が起こり得るのか集めるというところから始めて……。

血縁をめぐって

柏木　また、血のつながらない子どもを養育する里親家庭もあります。日本の典型的な養子縁組は、生まれてすぐに実子として戸籍に入れてしまったり、小さいうちに引き取って本人には明かさなかったりというケースと、成人になってから家や財産の継承のために養子を取るケースがあります。前者には血縁重視の思想が明らかですが、何かのきっかけで子どもが自分の出生の秘密に気づいた時に、大きな問題になることが多いのです。一方で、古澤頼雄さんたち（「養子・養親・生みの親関係に関する基礎的研究」『安田生命社会事業団助成論文集』第三三巻、一九九三年、一三四―一四三頁）が関与されているような、子どもがある程度の年齢になったら養子であることや出自について打ち明ける、オープンな養子縁組は、うまくいっているようですね。こうした里親たちは、よい意味で子どもとの距離があって、子どもをかかえ込んでしまわず、子どもの成長・自立を楽しみにしている、夫婦仲がよい、などの特徴があるということです。

平木　そうした夫婦は、養子を迎えるまでに何度も話し合って、いろいろなことを考えて夫婦関係ができていくのでしょうね。

柏木　逆に言えば、一般の家庭では子どもを持つ、育てるということに対して、そこまで深く考えられていなくて、子どもが生まれてから夫婦関係に問題が出てくるケースが多いのかもしれません。

平木　実の親たちも、こうした里親たちの経験から学ぶことはとても多いでしょうね。

柏木　一方で、実子を育てている親たちを対象にした古澤さんたちの別の調査（図7-1）を見ると、血縁のない子どもを育てる親を賛美しながら、自分では養子を育てる意思はないというのです。日本では、この血縁重視の思想をどこかでふっきらないと、先ほどの孤独死の話題でも出てきた他者との絆やコミュニケーションが、もののやりとりどまりになってしまうのではないでしょうか。

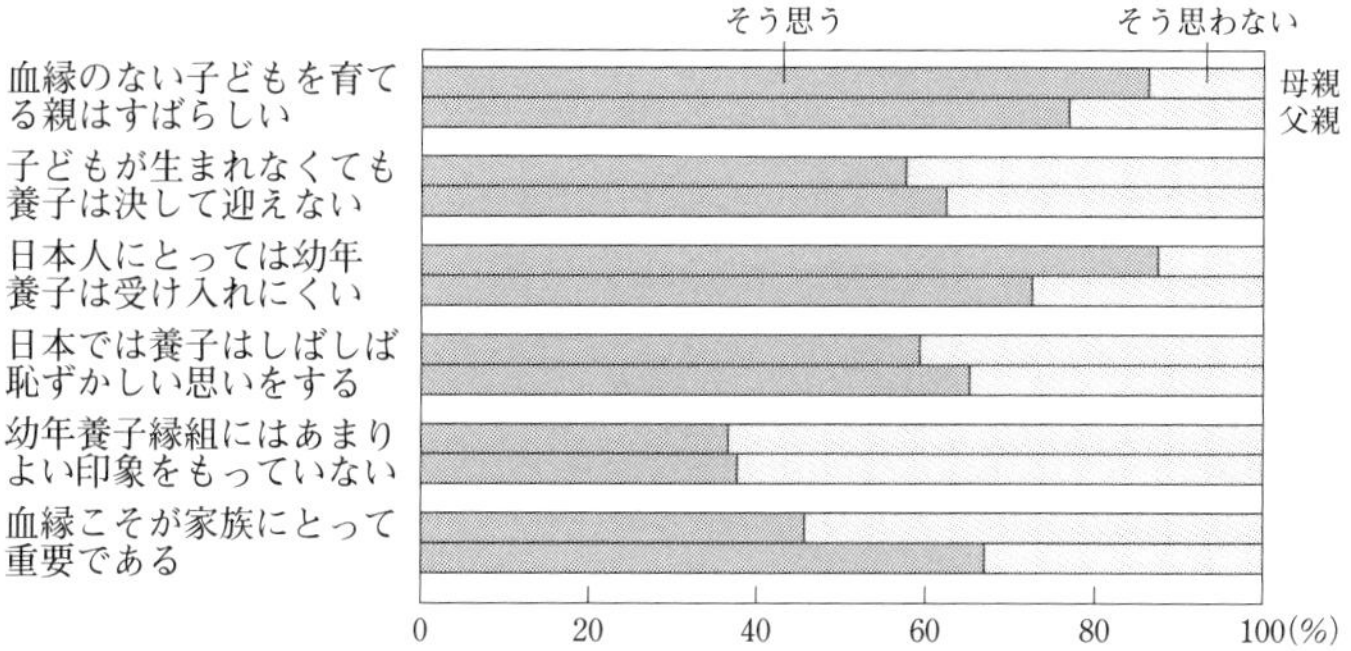

図7-1　実親は養子縁組をどう見ているか（Kosawa, Y. & Tomita, Y. Biological parents' attitudes toward adaptation and alternative fertilization techniques. Science Reports of Tokyo Woman's Christian University. Vol. 50. No. 3. 1999. pp. 1623-1631）

平木　どうしてそんなに血縁にこだわるのでしょうか。その意味は何でしょうね。親きょうだいは他人と同じくらいに思ったほうが、気が楽で、うまくつき合えるようになったりもするのですが……。血がつながっていると思えばこそ、相手に対して余計な欲求も出てくるし、うまく行かないと自分を責めるし……。

柏木　客観的な見方ができなくなりますからね。子どもが「つくる」ものになったいま、そうした執着はいっそう強くなっています。里親はそういうものから自由なので、そのよさをもっと知るべきですよね。

平木　私が結婚するカップルによくするアドバイスに、自分の親の悪口も相手の親の悪口もおたがい遠慮なく言えるようになったら、いい夫婦だというのがあります。そういうふうになれたら、どちらも自分の親と客観的な距離が取れるようになったということでしょう。里親の場合は自然にできるようになっているのかもしれませんね。

柏木　現在は、家族のかたちも変化の過渡期にあるので、現実と、われわれの持っている家族規範と、対応する社会制度がどうなっていくかが、たいへん重要な問題になってきますね。

平木　それらが、それぞれの人の自由意志や自立、将来展望と結びついていくようになってほしいですね。

家族の「再生」へ向けて

柏木　将来展望がこれほど重要になったのは初めてですね。日本は高齢化社会の最先端にいますから。医療の進歩で、病院に運ばれてから死に至るまでの時間も長くなってきたことは、介護の問題ともつながってきます。

平木　「長引く別れ」とも呼ばれているのですが、最初はいろいろな人がやってきていろいろなケアをするけれども、時間が経つにつれ、ケアをする人は一人か二人に絞られて、その負担がグッと増すのだそうです。

柏木　そういう意味で、冷静に、ケアを誰が、どう担うのかということも考えていかなければなりませんよね。

平木　ケアされている側についてはみんなが気にかけるけれども、ケアする側については誰も何も聞いてくれない、ということも現状です。ケアされる側も、体調に波があって、一時的に元気になったり、すごく悪化したりするわけですが、そのたびに家族は揺さぶられるので、その波を乗り越えるためにも、本音で話し合えるような状況をつくる必要があります。そういう時に、死について、また先のことについて口にするのを避けがちになりますが、延命治療はどうするのか、死んだらどうするのか、などというような話ができることが必要で、それが家族の「再生」につながるということです。「再生」というのは誰かが生き返るとか戻ってくるとかいうことではなくて、率直に話し合うことで、いまの家族が再メンバー化するという意味なのです。

柏木　そして、みんながそれなりに安定した生活ができる、と。死に向けて。

平木　そうなんです。お墓はこうしてほしいとか、お葬式ではこういう音楽を流してほしいとかいうようなことも、みんなが自由に話してその時の気持ちを分かち合い、共感し合って、希望に添った死になるプロセスには、自由な立場のよさを活用できるよさがあり、家族が「再生」するのでしょうね。

柏木　歳を取ったら誰でも心身に不自由をかかえるのは目に見えていますし、そうなれば子どもとの間にもいろいろと迷惑をかけるとか問題が生じてくることはわかりきっているのですから、早めに自分で対策をしておくことが必要です。「長引く別れ」というけれども、長引かないようにしたいという人もいるでしょうし、どういうふうに死を迎えるか、延命治療を受けるかどうか、本人の意思をきちんと示しておくことが大事になってきます。これは、私も常に身につけて、周りにも知らせているのですが、日本尊厳死協会の出している「尊厳死の宣言書」です（図7―2）。

平木　家族や周りの人たちはどうしても延命の方向に行くのでしょう。医学の進歩による新しい課題ですが、なるべく元気なうちにそういうことを話し合っておくのがおすすめです。

柏木　考えてみれば、若い人だって、いつ事故や災害に遭って亡くなるかもわからないわけですから、誰もが自分の死に方についての意思決定をしておくことは大切なんです。結婚するか、子どもを持つかなどには個人差が大きいですが、いずれ死に至るということは、誰もが経験するプロセスですから、そういう意味では、この問題は一番よく考え、予定や計画に入れておかなければならないですよね。

登　録 番　号		
登録日		

協会記入欄

尊厳死の宣言書

（リビング・ウイル　Living Will）

私は、私の傷病が不治であり、かつ死が迫っていたり、生命維持措置無しでは生存できない状態に陥った場合に備えて、私の家族、縁者ならびに私の医療に携わっている方々に次の要望を宣言致します。

この宣言書は、私の精神が健全な状態にある時に書いたものであります。

したがって、私の精神が健全な状態にある時に私自身が破棄するか、又は撤回する旨の文書を作成しない限り有効であります。

①私の傷病が、現代の医学では不治の状態であり、既に死が迫っていると診断された場合には、ただ単に死期を引き延ばすためだけの延命措置はお断りいたします。

②ただしこの場合、私の苦痛を和らげるためには、麻薬などの適切な使用により十分な緩和医療を行ってください。

③私が回復不能な遷延性意識障害（持続的植物状態）に陥った時は生命維持措置を取りやめてください。

以上、私の宣言による要望を忠実に果たしてくださった方々に深く感謝申し上げるとともに、その方々が私の要望に従ってくださった行為一切の責任は私自身にあることを付記いたします。

年　　月　　日

自署

フリガナ 氏　　名	印	明治・大正 昭和・平成	年　　月　　日生
住　　所	□□□-□□□□		

一般社団法人　**日本尊厳死協会**

図7-2　尊厳死の宣言書（日本尊厳死協会）

平木　現代は、「長引く別れ」のほかに、「あいまいな喪失」というのもあります。戦争や災害、誘拐などによって死を確認できない別れなのですが、二〇一一年の東日本大震災では、かなりこういうケースが多かったのではないかと思います。「あいまいな喪失」の場合、家族によって本当に対応の仕方は千差万別で、ずーっと生きていると信じ込もうとしたり、早くあきらめなければならないと気持ちを切り替えようとしたりするのですが、お葬式も出せない、あるいは出せても遺体がない、という状況で、やはり家族の気持ちの上では長く引きずってしまうでしょう。

柏木　「長引く別れ」と非常に対照的なので、より不条理さがクローズアップされてくるという側面もありそうですね。「長引く別れ」は、ケアする側もやるだけのことはやったという気持ちもあるので、特に長命の場合は明るいお葬式が多いようですが、「あいまいな喪失」の場合、突然のことで周りも無力感や不条理感が大きいでしょう。昔は死がもっと身近だったので運命として受け入れられていたのでしょうが、これだけ医学が進歩したいまだから、より不条理に感じるというか……。

平木　「あいまいな喪失」も、心の内面を言葉にすることで別れができ、亡き人の内なる再生が起こります。これまで話題になった家族をめぐる問題、結婚のこと、子どものこと、夫婦の関係、親との関係、介護のこと……いずれもそれぞれが自分の生き方、ひいては死に方を大切にするということが、相手のことも大切にすることにつながってきますね。

むすびにかえて

かねてより仕事や学会関係で交流し、さらに『家族の心はいま』を一緒に著して以来、平木先生の豊富な臨床実践についてうかがい、日本の家族のホットな問題とその解決への道を学ぶことが多々あり、実証研究だけの私にはたいへん刺激になりました。これは私だけでなく、多くの読者にとっても、他人事とは思えない問題への気づきになるだろう、また解決のヒントになるのでは、と考えてきました。それを対話というかたちで伝えたいと本書にまとめました。どのテーマ（章）についても、私たちは率直に語り合いましたが、話し言葉であるためのわかりやすさの反面、説明不足、言葉足らずで、対話形式を十分に生かせていない部分もあるかもしれません。それについては、家族や臨床についての理論書やご自身の家族体験などで補っていただければ幸いです。

東日本大震災以来、絆や家族の支えが強調されます。二〇一二年三月二一日付『朝日新聞』によれば、本社世論調査の結果、震災後「絆を実感」した人が八六パーセントに達した一方、一般的な日本社会の絆は「弱まっている」と答えた人が五四パーセントだとのことです。多くの人が「絆は大事」

と考えても、現実には「絆が強まった」とは思っていないのです。結婚、育児、介護などに関する家族をめぐる状況も、大きく変化しています。それもあってか、「家族の崩壊」「家族の危機」としきりに言われます。しかし、そうした現象について、ちょっと視点を変えてみる、それまで大事だとこだわっていたものから距離をおいて考えてみると、「危機」ではなくなり、「崩壊」せずに〝再生〟することが少なくありません。そのことは本書の対話の中でも、折にふれ示唆したつもりですが、汲み取っていただけることを願っています。

本書でも紹介しましたが、育児や介護をめぐる負の体験を扱った本が最近、あいついで出版され、育児は母親、介護は女性と、これまで当然とされてきたことがうまく運ばなくなり、ケアを担う者の生活と心を破壊していることが赤裸々に描かれています。これらは、家族について考え、ケアを担うことは、一人ひとりが自分の生き方を顧み、キャリア発達を考えることにつながるという示唆に富んでいます。ごく最近刊行された『引きこもりのライフプラン』（斎藤環・畠中雅子、岩波書店、二〇一二年）では、引きこもりには心理学や精神医学の知恵や力ではもはや対処しきれず、家族の経済計画の構築というきわめて現実的な問題解決が必須であることが説得的に書かれています。誰もが体験し、実感する可能性のある家族の問題――しかし、それらは、広く深く多様な面を持つものであるだけに、心理学以外にも、様々な視点と方法による理解が必要だと改めて思いました。今後はますます、領域を超えた率直な対話が有用になるでしょう。

本書は、『家族の心はいま』以来、編集の労を取ってくださった東京大学出版会の小室まどかさんの力なしにはできませんでした。二人の自由な対話の記録から、表現の修正、補足、資料の確認などを細やかにしてくださったのです。そのことに、いま改めて御礼申し上げます。

柏木惠子
平木典子

二〇一二年七月

ま行

や行

ら行

わ行

さ行

た行

な行

は行

索　引

あ行

か行

〈著者紹介〉

平木 典子（ひらき・のりこ）

1959年　津田塾大学学芸学部英文学科卒業.
1964年　ミネソタ大学大学院教育心理学修士課程修了.
現　在　統合的心理療法研究所所長．臨床心理士．家族心理士.
主　著　『アサーション・トレーニング』（日本・精神技術研究所，1993）
『新版 カウンセリングの話』（朝日新聞社，2004）
『家族の心理』（共著，サイエンス社，2006）
『図解 自分の気持ちをきちんと〈伝える〉技術』（PHP研究所，2007）
『カウンセリングの心と技術』（金剛出版，2008）
『アサーション入門』（講談社，2012）ほか多数.

柏木 惠子（かしわぎ・けいこ）

1955年　東京女子大学文理学部心理学科卒業.
1960年　東京大学大学院人文科学研究科博士課程単位取得退学.
1987年　教育学博士，東京大学.
現　在　東京女子大学名誉教授.
主　著　『子どもという価値』（中央公論社，2001）
『家族心理学』（東京大学出版会，2003）
『家族心理学への招待』（共著，ミネルヴァ書房，2006）
『子どもが育つ条件』（岩波書店，2008）
『日本の男性の心理学』（共編，有斐閣，2008）
『親と子の愛情と戦略』（講談社，2011）ほか多数.

家族を生きる
違いを乗り越えるコミュニケーション

2012年9月19日　初　版

[検印廃止]

著　者　平木典子・柏木惠子

発行所　財団法人　東京大学出版会
代 表 者　渡辺　浩
113-8654 東京都文京区本郷7-3-1 東大構内
http://www.utp.or.jp/
電話　03-3811-8814　Fax　03-3812-6958
振替　00160-6-59964

印刷所　中央精版印刷株式会社
製本所　矢嶋製本株式会社

ISBN 978-4-13-013307-4　Printed in Japan

家族の心はいま――研究と臨床の対話から

柏木惠子・平木典子　A5判・三二四頁・三二〇〇円

家族の危機を憂慮させる現象を「変化」として中立的にとらえ、その背後の要因に実証研究から迫ると同時に、個々の家族メンバーにどのように問題として現れるのかを臨床事例から読み取る。研究者と臨床家が対話し合い、夫と妻、親と子の実状を、相補的に理解しようとする新たな試み。

家族心理学――社会変動・発達・ジェンダーの視点

柏木惠子　A5判・三六八頁・三二〇〇円

もっぱら子どもの発達への影響要因として扱われてきた家族を、オープンシステムとしてとらえ、ジェンダーの視点を導入しながら、「社会のなかの家族」の特質を明らかにしようとする。

家族進化論

山極寿一　四六判・三八〇頁・三二〇〇円

人類の家族はどのようにして生まれ、そしてどこへ向かうのか。「家族崩壊の時代」に家族の意味を問いなおす意欲作。霊長類学の世界的第一人者が壮大なスケールで新たに描き上げる〈進化論〉。

人間関係の心理学――愛情のネットワークの生涯発達

高橋惠子　四六判・三〇四頁・二九〇〇円

乳幼児期から高齢期に至るまで、社会の中で暮らす人間の自立を支えるものとはなにか――複数の重要な他者からなる「愛情のネットワーク」という人間関係のモデルを提案し、発達をめぐる主要な議論とも絡めつつ、そのなりたちからしくみ、生涯にわたる変化を検討する。

ここに表示された価格は本体価格です。ご購入の際には消費税が加算されますのでご了承ください。